예 산 아 리 랑

예산아리랑

초판 1쇄 발행 2009년 8월 18일
2쇄 발행 2011년 6월 20일

지은이 신익선
펴낸이 이순옥
펴낸곳 도서출판 문화의힘
대전 동구 삼성1동 125-6
한밭오피스텔 406호
등록 제117호
전화 042 633 6537 팩스 042-633-6538
ISBN 978-89-90647-23-8
정가 10,000원

장편 서사시

예 산 아 리 랑

신 익 선 著

도서출판 문화의힘

시인의 말

한 시대 한 인물의 족적을 살펴 형상화하는 일은 즐거운 일이 아니다. 이정의 경우는 더욱 그러했다.

이정 박헌영은 구한말에 태어나 일제압정에 십여 년 투옥 당했다. 해방 후 미군정 치하에서 조선공산당 당수로 활동하다 월북하여 북한 정부의 부수상 겸 외무상으로 살다 김일성에게 숙청당한 생애는 이미 오래전에 이념의 굴레에 씌워져 백안시당해야 하는 운명이었는지 모른다.

허나 박헌영이란 말 자체, 단어 자체를 터부시 하는 것은 슬픈 일이다. 그것은 역사를 역사로 바로 보지 못하는 맹목의 우화일 수 있다. 좌, 우익의 이데올로기는 여울목 역사의 한 단면이 아닌가 한다. 이 역사의 거울에 제 현상들과 스스로를 비춰보는 일은 누구나 가능하다.

나는 이정이 태어난 예산에서 태어나 살아가고 있는 인연으로 무익하나마 부득불 시詩라는 그릇에 이정을 그려 보았다. 이는 그의 삶의 자취를 근저로 기술된 치졸한 글이지만 장차 도래할 해방공동체의 실체적 현실을 염두에 두었음도 밝힌다. 서술 일변도의 행태가 많은 것은 시적 소양의 미숙함 탓이다. 고달파도 무릇 시인의 대지엔 이미 통일이 온지 오래라고 생각하며 이 땅의 민중들이 통일의 대지에서 훨훨 날고뛰는 날을 그려본다.

동시에 이정의 고혼이 하늘나라에서나마 자유롭고 평안하길 염원하며 예산에서 낳고 자란 비운의 혁명가 이정께 졸시집을 올린다.

2009년 盛夏

신 익 선

제2장 | 만산의 달무리

제3장 | 좌판에 뜬 달

서시

달빛에 두둥실 뜬 신양 만산이
신양천 굽이굽이 산안개 게우는 곳
달천 물살에 아침이슬 내리는 곳
동방의 등촉 밝혀
두둥실 떠오른 일산이수정一山二水亭이
봉우리 걸린 구름상여 향 사뤄 날고
신양리 횐들 지나 할미고개 넘어
만장輓章이 먼저 길 떠난 초행길을
요령 안 흔들어도 물살 흘러
절로 길 찾는 상여 머리가
두리둥실 구름에 떠올라
두둥실 시리미고개* 넘어간다
세상 불꽃 먼저 보는 산마루야
내려와 떠들썩한 산마을 되라
서울과 평양을 골고루 어루만져
눈동자 맑은 향천사 독경에
가슴앓이 부풀어 오른 한恨을 씻어라
아리 아리랑 쓰리 쓰리랑 아라리오
아리랑 고개로 잘 넘어간다
골골마다 퍼져라 예산아리랑

*시리미고개 : 예산읍내에서 신양 방면으로 가는 길목에 위치한 산고개

제1장

신양천의 달

평생을 구릉산지에 둘러싸여 밋밋하게
그저 밋밋하게만 살아온 신양천이
가물어 메마른 날 새벽, 물안개 내는 줄 몰랐다
남에서 북으로 북류하는 작은 하천이
물안개 걷히고 쨍쨍 터지는
염천炎天의 햇살이 되는 줄 몰랐다 반도를
태우다 태우다 다시
서늘한 눈매의 포등한 살파심이 되는 줄 몰랐다
얼굴 파묻고 죽어도 좋을 매혹의
젖가슴이 될 줄은 더더욱 몰랐다.
황홀하여라 옷고름 풀어
희디 흰 속살 얼비치기 시작하는
앵두빛 양 볼에 수줍은 볼 여울이 풍덩, 가슴에
가라앉아 평생을 화인 찍힌 심장으로 살 줄 몰랐다
영혼 한복판에 희미한 안개 내며
북으로 북으로 신양천 흐른다

1. 만삭의 몸으로 치는 대고大鼓

칠포漆布로 싸매어 붉은 칠을 한
칠월 쇠가죽 북통이 부서질 듯 운다

한줄기 서늘한 기상이 용솟음쳐 올라
진흙 수렁의 생명을 발화시켜
잡초가 키를 덮는
첩첩산중에 끌려온 칠월이 쳐대는 북소리에
북 한가운데 박힌 모란이 처음 운다

원옥폭포 중턱에 홍두깨같이 튀어나온
돌부리에 부딪혀 산산이 부서진 뒤
다시 튕겨 올랐다가
사방으로 떨어져 일대 장관을 이루는
북한 철산군의 망일산 원옥폭포수가 숨죽인다

쉰일곱의 혁명가 보폭 사이
어느새 따라온 신양천도 덩달아 숨 몰아쉬는데
농익을 대로 농익은 만삭의 몸으로
통일 민주정부의 이념을 체계화한 북소리에
빈객을 맞는 철산 반도가 북소리 따라 운다

머리에 맞닿은 차디찬 총구가

붉은 칠을 한 쇠가죽 북통을 정조준한다

항일 투사에다 현재 북한 정부 부수상 겸 외무상,
인민군 총정치국장 및 인민군 중장인
이정而丁 박헌영朴憲永은 순간 만감이 교차하는 눈을 들어
휘휘 사방을 둘러보며 생의 마지막을 본다

"그래도 인생은 아름답다"
회한은 없다. 소련의 혁명가였던
트로츠키가 처형을 당하면서 한 말이
평양남도 철산군 철산반도에 떠오르고

찰나에 또 고향 신양의 달천변을
고향인 예산 신양의 오리울을
손잡고 함께 걷던 어머니 흰 치맛자락이 보이는데
순식간이다. 지나온 생애가 영사기처럼
돌아가는데 둥둥둥둥 대고의 소리도 점차 높아가
머리에 들이댄 총구가 불을 뿜을 찰나

이정은 눈 들어 원옥폭포를 보면서
찰나에 지나온 날들의 한평생을 보았다

그래도 인생은 아름다웠다고 입속말 하려다
아장아장 걸음마 떼는 놓고 온 아들 모습에
눈앞이 흐려지면서 아찔한 현기증 일고
죽음을 목전에 두고 이정은 그간의
탯줄 묻힌 텃밭에서부터 오늘까지의 평생을 보았다

2. 탯줄 묻힌 텃밭

폭포 중턱의 돌부리에 부서진 물방울이다 나는
사방으로 떨어진 물방울들이 뭉쳐
물길을 내지만 어디고 물 흐르는 곳은 없다
폭포수 아래 큰 돌 구멍이 있어
그리로 들어간 물이 지하를 적시며 황해로 흐른다
고향 신양 연리의 잘피고개 아래 숨어서
지하를 뚫고 황해로 흘러가다 고향 예산을 본다

달덩이를 품에 안았는데 어디선가
벼락 치듯 소리가 들려와서 이르길
태몽을 아무에게도 발설 말라
그런 태몽을 꾼 어머니는
경자년(1900년) 오월 양수가 터지고
갓 태어난 사내아이의 우렁찬 울음소리에
때 이른 여름 매미 떼가
광시 서초정리 산마을 초가집을 에우는데

음력으로 오월 초하루,
양력으로 오월 스무여드렛날인 이날
어머니 이학규 여사는 핏덩이를 안고
이 아이가 장차 반도를 적시리라
두근두근 가슴 뛰는 꿈 그대로

반드시 억압의 일제 통치를 몰아내고
백성이 주인이 되는 새로운 세상을 열 것이라

신들린 무당처럼 신기神氣에 부르르 떨며
입 맞추는 이 아이가 바로
영해領海 박씨, 신라 박제상의 56대손으로
태사공파 예산문중에서
당시 벼 장사를 하던 박현주를 아버지로
세상에 처음 얼굴을 선보이는 이정의 모습이다

이 아이에게 우리 문중의 미래가 있어요
푸성귀를 기르며 밋밋하게 살아온
텃밭이 생전 처음 물꼬를 틀었을 때

확신에 찬 음성으로 소근거리는 산모를 두고
피 홍건한 태반이 정말 미래가 될까
반도를 적시는 대하大河가 될까
아버지는 묵묵히 탯줄을 텃밭에 묻었다

3. 강보에 쌓여 이주한 신양에 만산 있다

품에 안겨 채 한 살이 안 되는 이정이
강보에 쌓여 무한천 건너 흘러간다

신양면 신양리 이정의 호적은 실상
갑인년 군·면 통폐합 시에 개칭된
신양면이란 새로운 행정구역인 셈이고
실제 광시면 서초정리에서 출생하여 당시의
대흥군 거변면, 곧 오늘날의 신양면 신양리로
두 살 되던 해에 정착한다

젖 물다 잠든 아이의 얼굴에
덜컹대는 우마차 시골길이 다정스레
햇살 따스한 봄날, 노곤노곤 아련하게
자장가를 불러준 것은 단지 이 때뿐
한 곳에 정착한 것도 단지 이 때뿐이었다

그날 이후 어린 아이의 여린 몸을 짓치며
습기 찬 동굴의 아가리가 덥석
씹지도 않고 한입에 삼키려 별렀는데

만산에 올라가 뛰놀던 유년시절엔
신양에서 십여 리의 거리에 있는 예산 최초의

근대교육기관 대흥공립 보통학교를 마쳤다

예산 친구 이태규와 손잡고 천안을 걸어가
천안에서 사철私鐵을 타고 경성고보를 다녔다

야간엔 영어를 배워둔 것이 훗날
영어에 능통하여 레닌학교 시절
공부한 걸 보면 영어로 서술되어 있고
해방 후 외신 기자들과 인터뷰 시
순 영어로만 회담에 응하기도 했는데

경성고보 제 십오 회로 졸업하던 스무 살의 이정은
졸업 일 년 전에 발발한 3.1만세 운동으로
예산군 대술면에서 남류하는 달천과
청양군 운곡면에서 북류하는 신양천이
합류하는 곳에 신양의 주산인 만산이 솟고
여기에 우뚝 일산이수정一山二水亭이 서듯
남과 북, 북과 남을 두루 교통하다 떠오른
파란만장한 생의 변주變奏가 시작되는데

보라 이것은 실로 북류하는
고향산천의 경관과 무관치 않으니
목 부러져 몸뚱이만 서있어도 죽지 않는
삽교읍 신리 수암산 중턱의 석조보살입상처럼
누가 저 찬연한 태양에 맞설 것인가
누가 저 필연의 운명을 꺾을 것인가

4. 조선 기와

골골마다 품은 붉은 마음을
지붕에 얹혀서도 풀어 놓지 않는다
불가마 아궁이 채 통째로 삼킨 기운을
땡볕에 타면서도 토해내지 않는다
죽어서야 뜬 목소리들이 뭉쳐 흘러도
장단 맞출 장구채를 쥐지 않는다
한 줄기 신양천 물살이 구워 낸
황토반숙은 그대로 가야산의 염불이다
기왓골 고랑의 절창을 풀지 않고
비구니 바랑 속에 삭혀 은밀히 풀어내는
한 번 들은 적 없는 산 목탁소리가
신양의 차동리 차동고개 내달아
이정을 일러 기왓장이란 별명대로
조선기와 한 장이 동해의 일출 된다

5. 경성고보의 학급 담임부 기록

무오년 경성보고 사학년 담임선생은
이정을 일러 성질이 온순하고 과묵하며 착실하다
용모 란에는 남자답다고 썼다.
이 때 이정은 키나 체중이 단아하였고
콧수염 엷게 자라나 성인의 풍모가 완연했다

방학 때면 틈틈이 가야산 줄기 서원산을 달려
봉산면 금치리에 있는 이억 장군 정려에 가고
대흥면 봉수산에 있는 임존성에 올라 성을 쓸었다
내려오는 길엔 예산읍 산성리 예산산성의 투혼을
대련사 원통보전 아래 삼층석탑에 새겼다

신암면 용궁리의 지석묘석이 튀어 오른 걸까
일제 압정에도 불구하고 향학열로 모여든
수재들이 수학한 이 학교의 수맥도
도도히 흘러온 아우네장터의 물살을 피하진 못했다

온화하고 과묵한 이정의 성정이 발화하여
갈기 휘날리는 야생마처럼
신암면에 있는 청정한 백송의 기상을 깨워
광시면 관음리 면암의 음택에서 내쏘는 절규와 함께
거대한 만세의 회오리바람 속으로 흡입되었다

기미년 삼일 만세 운동이 지난 삼월 스무사흗날
경성고등 보통학교 졸업을 기점으로
고덕면을 가로질러 흐르는 지곡천처럼
신양의 가지리 던질말에 던져진 듯
이정은 거칠게 광야를 치달리는 탁류에 합류한다

6. 전환점

신양의 만산 조선 솔들이 뿌리내린 황토 살에
아침결 파묻으려던 애장 하나가
눈떴다 느슨하게 묶은 수의를 헤집고
아이의 손이 움직이자 산역꾼들이 놀라 자빠지고
간 큰 젊은이가 아이를 품에 안았다
차동리 가래울이 순간 솟구쳐 올라
바로 그날 신음하며 잠자던 반도가 꿈틀댔다

기이하고 신비로웠다 바로 그날
응봉면의 사과단지에 갑자기 사과꽃 피어
오가 뜰 논두렁에 봄 불 일어나고
신양리 보시뱀이 흔들리더니
서울 파고다 공원의 비둘기들이 일제히 새낄 깠다

짓밟히고 짓밟혀
뼈 가죽만 남아 있는 조선의 어매들이
지아비와 함께 두 손 치켜 올려
대한독립만세를 외치는 몸에서 단내 진동했다.

툭 불거져 나온 무명 저고리 밑 젖가슴이
다시 처녀 때 흥분으로 뭉쳐지고
왜경이 내려치는 칼날에

손 잘린 딸아이의 핏물이 찍혔다.

무오년(1918) 말부터 기회를 엿보던
손병희, 권동진, 오세창, 최린 등의 천도교 측 중진들은
대중화, 일원화, 비폭력의 삼대원칙 아래
기독교, 불교 측을 망라한 인물 33인의 민족대표를 구성하여
기미년 삼월 일일에 조선을 불사르기로 결의하고

민족자결에 의한 자주독립의 독립선언서 만들어
인쇄는 극비리에 오세창을 통하여
천도교에서 경영하는 보성사 인쇄소 이종일에게 전달되고
이종일은 공장 감독 김홍규와 함께 이만 일천 장의
선언서를 인쇄하여 전국 각지로 전달하여 배포했다

그때였다 곳곳에서 거대한 만세 소리에 묻힌
시뻘건 가슴 가슴을 보았다 아직
학생이었지만 이정은 분명 벅찬 가슴을 느꼈다

“나는 전 인민의 거대한 항거에 참여하였습니다
기미년 사건은 나를 공산주의 진영으로 이끌었습니다
나는 그들의 이념이 독립과 정의, 민주주의와 진보를 호소하고
있다는 것을 이해하기 시작했지요, 아니 더 정확히 말해서
처음으로 느끼기 시작했다고 해야겠지요”

훗날 해방 후 서울 주재 소련영사관 직원이자
여자 학자였던 샤브시나 꿀리꼬바와의
대담에서 이정은 당시를 그렇게 회고했다.

자유가 주인이 되는 나라를 만들자
소용돌이치는 심장의 우렁찬 고동소리와
들끓는 함성들이 이정의 정수리를 꿰뚫을 때
관음리 최익현 묘에서 터져 나온
껄껄 웃는 웃음소리가 예산을 진동하고
삽교, 고덕, 덕산, 봉산, 신암, 대술, 대흥, 신양, 광시와
거대한 대륙을 호령하던 고구려의 기상도 포연처럼
예산과 충청을 지나 반도를 뒤덮었다

그를 기점으로 대평원에 혁명가의
초승달이 날카롭게 빛을 뿜고 뜨거워라
만세운동은 그 자체로 이미 삽교 수암산성 성돌 같은
무수한 젊은 생명들의 피를 달구어 딛고 서서
신양리 마래들을 흥건히 적셔놓아
경성고보 시절에 얻은 별명대로 신양 사내
까무잡잡한 기왓장 같은 신양 사내는 더 이상
회오리바람의 외연에 맴돌 수 없었다

7. 신양팔경新陽八景

흙벽의 첫 키스가 산다 신양에는
헤일 수 없는 유년의 설렘이 산다

신양 하천리의 돼지먹은골 골짜기가
눈 익은 신양리 사근다리들에 들어와

빙긋 웃음 띠며 경관을 짚어보다 이정은
신양팔경을 떠올리며 손가락을 꼽는다

일경은 응봉초적鷹峰樵笛으로
매봉에서 들려오는 초동의 피리소리이며

이경은 천동취우泉洞驟雨로
하천리 산골을 지나가는 소나기,

삼경은 독수귀운獨岫歸雲으로
독봉에 걸려 있는 구름을 뜻하며

사경은 월봉만하月俸晩霞로
아지랑이 사이로 둥실 떠있는 서재고개이다

오경은 쌍탄헐우雙灘歇雨로

비 갠 상탄과 하탄 냇물가의 산뜻한 풍경이며

육경은 양촌토고壤村土鼓로
격양촌 농민들이 농악치며 즐기는 모습,

칠경은 용암어화龍巖漁火로
용 바위 물에 비치는 밤중에 고기 잡는 횃불,

팔경은 성애석조城崖夕照로
임존성을 등에 업고 있는 웅장하고 아름다운 저녁노을이다

추사 김정희의 친필인 일산이수정一山二水亭은
안곡사지가 있는 여래미 마을 두른
불원리 시왕리 연리 귀곡리 황계리에 뻗어
따슨 눈빛으로 신양을 볼 즈음이었다

8. 여자시론 잡지사에서 첫 일하다

첫 삽질을 할 때가 되었다 근육을 단련하며
만세운동 이듬해에
경성고보를 졸업한 스물한 살(1920)의 이정은 맨 처음
여자시론 잡지사에서 일했다
여자들의 의식에 불 지펴 새로워지는 일이었다

일본의 요코하마에서 발간된 이 잡지의 편집 겸 발행인
메이지대학 재학 중이던 이양전은
이 해에 만세운동 일주년 기념행사 참석을 이유로
일경에 체포되어 고문을 받았다.
재갈을 물린 뒤 고춧가루 탄 물을 코에 붓거나
팔을 뒤로 묶어 도르래에 매달린 밧줄로
잡아 당겨 하늘에 꿰달아 놓는
가새주리는 차라리 괜찮았다
아랫도리 벗기고 정강이 주리를 틀고
손가락 사이에 막대를 끼우고 비트는 따위의
극도의 육체적 고통은 견뎠으나
전기고문에는 정신을 잃었다
잠을 못 자게 하고 밤낮을 구별 못하게 하는 데는
꿋꿋하던 정신이 나갔다 꼭 보름여를
고문을 당하고 석방되었을 때는 멀쩡하던 사람이
정신착란으로 큰 고통을 겪는다

이정은 이 잡지의 발행주체는
차미리사와 언더우드 선교사라고 훗날 회고했으나
이양전은 이 고문에서 얻은 정신분열 증세의
후유증으로 평생을 시달리게 되었고 이정의 삽질도
망국 십 년째를 맞고 있는 조선처럼
문 닫은 잡지사를 뒤로 하던 날
채 열 달이 안 되어 벼리고 벼린 삽날이 부러졌다.

9. 일제에 저항한 일본 시인도 있었다

"추억은 나를 고향으로 데려간다
백두산 봉우리를 넘어 낙엽송 숲을 넘어
………………
다갈색 땅 위로
거무스름한 작은 집들이 이어지는 곳
조선 꿩이 골짜기에서 우는 함경도의 마을이여
………………
아아, 3월 1일!
민족의 피가 가슴을 친다, 우리들 모두가
무한의 증오를 한순간에 터트렸다, 우리들 어느 누가
1919년 3월 1일을 잊을까."

"간도 파르티잔의 노래"라는 제목의 위 시는
일본 시인 마키무라의 작품이다 식민지 조선을
옹호하면서 조선독립군의 입장에서 썼는데
1932년 3월에 시를 발표한 후
그를 이유로 동경의 일경은 마키무라 시인을 체포한다

삼 년 투옥에 삼 년을 고문당한 시인은
출옥 후에 정신병원으로 이송되고 거기서
꽃다운 시재詩材를 펼치지도 못하고 요절한다

일제의 아시아 침략을 반대하며 조선의
식민지 현실과 저항운동에 큰 애정을 보냈던
가슴이 큰 청년 시인이었던
마키무라 고(1912~1938)는 당시 26세였다

10. 격랑의 물결 속으로 뛰어들다

한편, 이해(1920) 구월에 이정은 소위,
조선에스협회(Korea Esperanto- Asoico)를 창립한다

모래알처럼 뿔뿔이 나뒹구는 조선의 의식을 깨우치자며
홍명희, 김억, 변영로 등이 참여하였는데
창립이 끝나자마자 스무 살의 이정은
해외 유학을 명목으로 아버지한테 돈을 받아
부리나케 동경으로 첫 밀항을 감행했다

만세운동의 여파로 일경이
이정에 대한 체포령을 내렸기 때문이다
밀항하여 신학문을 배우려 했으나
여기서도 이정을 알아보는 눈이 있어 감시에 시달리다
이 해(1920년) 동짓달에
다시 동경을 출발하여 상해로 도항했다

밀항에서 밀항으로 이어지는 행로에
목돈 쥐어주며 손 흔들던 신양 어머닐까
어머니와 걷던 신양리 원터일까
부둣가 뱃머리에 내리니 길가에 마른 들국 있다

여기서 이정은 민족단체들과 연계를 맺고

처음으로 조선인 공산주의자들이 만든
공산당 조직에 들어갔다.
이 조직의 지도자들은 김만겸, 이동휘 등인데
이들은 만세운동 직후 민족해방운동의
새로운 중심지로 떠오른
상해에 있던 반일단체로서 이정이
이들과 동지애로 굳게 연합한 것은 파도였다

이것은 분명 시대의 소용돌이치는 격랑으로
열아홉 나이에 이미 선생님으로 불린 이정을
뜨겁게 달구어 놓아 더 볼 것 없이
폭염의 한여름철 발가벗고
신양 불원리 문모랭이 연못에 뛰어들듯
풍덩, 물보라 일으키며 이정은 격랑 속으로 뛰어들었다

11. 애창곡은 홍난파의 봉선화

일본 도쿄 우에노 음악학교에서
이 년간 수학하고 귀국한 홍난파는 이 해(1920)에
저 유명한 봉선화를 작곡했고
이정은 홍난파의 봉선화 노랠 불렀다
예산 향교 지나 예산의 진산 금오산을 오르며
목쉬도록 목이 쉬도록 이 노래를 불렀다

청년 이정이 부르는 노래를 들었는지
이 곡을 반도의 전 국민이 즐겨 부르고
신양의 연리 정주배미가 꿈틀거리자
놀란 일제는 서둘러 이 곡을 금지곡으로 묶었다

'울 밑에선 봉선화야
네 모습이 처량하다
길고 긴 날 여름철에
아름답게 꽃 필적에
어여쁘신 아가씨들
너를 반겨 놀았도다'

숨어서 울며 부르던 봉선화 노래는
이정이 즐겨 부르던 애창곡이었다
마흔한 살로 요절한 홍난파가 작곡한

'성불사의 밤'이나 '옛 동산에 올라' 등의 가곡이나
'낮에 나온 반달' 같은 동요를 제치고 봉선화를 불렀다

신양 가지리 섬밭은 이정의 음성을 익혔다
그럴 때면 일산이수정이 있는 만산의
산정山頂에 선 것처럼 상해에서도 답답한 맘이 시원했다

12. 고려공산청년회 책임비서가 되다

경성고보 학생 시절에 이정은
급우였던 최원형, 이태규 등과 종로 YMCA에서
영어 과외공부를 했는데 상해에서도
신유년(22살) 정월부터 약 반년 간을 통학하며
상해기독청년회 영어 야학부를 다녔다

찬바람이 가시고 중국대륙에 황사바람 부는
그해 삼월에는 고려공산청년단 상해회를 조직하여
최고 책임자인 집행위원장은 최창식이 맡고
이정 자신은 상해회 비서를 맡았다

오월에는 고려공산당원이 되었고
당 기관지 〈올타〉의 편집자로 활동했다.

여기서 고려공산당이란
안병찬, 김만겸, 여운형, 조동호 등이 주도하던
이루쿠츠파 고려공산당을 말한다
〈올타〉의 한자 표기는 정보正報다

유월엔 최창식과 이정의 공동명의로
동경에 파견한 한 단원에게 위임장을 발급했다

칠월엔 안병찬이 조직한 사회주의 연구소에 들어가
연구소에 비치되어 있는 국제공산당 헌법 등
사회주의 연구에 심혈을 쏟았다.
팔월엔 북경에서 고려공산청년회 중앙총국이 결성되었는데
당 대표로 남공선과 국제 공청 대표로 조훈,
중앙집행위원으로 이괄, 김호산, 이정이었다.

시월엔 일본인 에스페란토 연구자 환영회 개최 및
상해 프랑스조계 애인리 52호에서
동료 최창식, 김단야 등과 함께
러시아 시인이자 혁명당원인 에레젠코를 초청하여
성대한 공산주의 강연회를 열었다.

한 번 몰입한 공산주의 사상에 심취되자
시월엔 화동 한국학생연합회 임시회장 이정 명의로
정광호와 김상덕에게 각각 위임장을 주고
동짓달에는 고려공청중앙총국 책임비서 자격으로
극동청년대회 대표자 권정필에게 신임장을 주는 등
불과 스물둘의 이정은 상해와 북경 일원에서
공산청년회의 핵심 역할을 하고 있었다.

13. 창씨개명

고향집 밤나무 뒷산에 잠든
아버지는 오지 않으셨다
언제라도 부르면 달려오시던 아버지가
외동딸의 울부짖음에도 꿈쩍 않으셨다
설마 담임선생이 빈 교실에서
치마 걷어 올리고 속곳을 벗길 줄 몰랐다
고향집 대문을 열던 새벽녘 꿈일까
아스라이 별들이 떠돌고
단숨에 생애를 거덜낸 짐승이
아무렇지도 않게 허위허위 나간 문밖에선
오천년 써온 이름을 없애라며
이름을 없애고 짐승 이름을 쓰란다며
짐승 아래 짐승으로 살란다며
시체나 진배없는 사내들이 소리쳤다.
아무리 불러도 아버지는 오지 않고
메아리만 피눈물 젖어 저 혼자 퍼졌다

14. 고려공산청년회 중앙총국의 비서되다

임무년(1922년, 23살) 중앙총국위원 이괄이
일본 제국주의 경찰에 체포되었다
김호산은 간도로 출발하여 행방불명이 되자
궐석 상태의 위 중앙위원을 보궐하였다
이때에 당내 분쟁도 일어나 결국
소련의 이루쿠츠크 공산당과 연락을 끊는 대신
국제공산청년동맹 집행위원회의 허락 하에
일을 하되 당 대표 남공선은 사임했고
이정, 조훈, 고준, 김단야, 임원근이 보궐되었다

여기서 이정은 중앙총국의 비서가 되었는데
내지內地에 있는 공산주의 단체와
사상적 연락과 편의를 도모할 것 등등의
과업을 공청에 하달하면서
국제공청은 본격적인 혁명화 시초를 다져갔다

특기할 만한 일은 당시 간도 방면에서 활동하던
의병운동과 직접 연락 닿을 것을 지시한 점이다

이것은 주변세력과의 연합을 꾀하는 일로써
조선 백성과의 약속은 없었으나
이정의 뇌리엔 그때부터 아침햇살 같은

선명한 빛이 조선을 비추고 있음을 느꼈다

약속은 없었으나 또렷한 새아침의 도래가
약속처럼 다가오고 있음을 확신했다
얼굴에는 홍조가 가시지 않은
온화한 표정의 이정이 스물세 살 때였다.

15. 첫 번째 투옥되다

산밭이랑을 만드는 아낙이 흙투성이다
쇠스랑 발이 내려 꽂힌 땅에선
정 맞은 돌멩이에 튕기는 불꽃처럼
흙살 얼음이 튀어 오른다
잔등이에 매달린 아기가 놀라
아낙의 잔등이에서 울음을 터트린다

울음 발 쇠스랑이
다시 내려 꽂히자
부스스 눈 뜬 사월의 흙살이
비밀스런 속살을 풀어 이랑을 낸다

새봄에 얼음을 깬 흙 이랑처럼
비밀리에 입국하는 이정은
임무년(1922, 23살) 사월 초이틀 오후에
중국 안동현에 있는
한 음식점에서 김단야, 임원근과 함께
일제의 신의주 경찰에 체포되어 투옥된다

16. 평양형무소에서 복역하다

수양버들이 굽이쳐 흐르는가
이정이 수감되어 있는
평양의 대동강 밤하늘에 유성이 떨어진다

평양 대동강변엔 의열사가 있다
임란 시 평양을 점령한 왜장의 애첩이었던
기생 계월향이 왜장을 죽이고
자신도 죽은 의열을 기리기 위하여
평양기생들이 봄가을에 두 차례
제사를 지내는 기생들만의 얼이 거기 있다

개항 이후 기독교세가 왕성하게 융기하여
평양은 미션스쿨 계통의 학교인
1894년에 공성학교를 시발로
1896년 숭덕학교, 정진학교, 1898년 맹아학교,
1903년 숭의학교 등이 세워졌다
1907년 안창호는 대성학교를 세웠고
1895년 최초의 초등교육기관인 평양심상 소학교,
1906년 최초의 중등 교육기관인 평양고등학교,
1905년에 대학 과정을 신설한 숭실학교는
1912년 숭실대학으로 승격되어 우리나라 최초의
사립대학교육기관이 되었다

그 외에 한국 최초의 신학교인 평양신학교,
여자성경학교, 여자고등성경학교, 요한성경학교 등이 함께
대동강의 지류를 형성한 평양 형무소에서
왕성한 혈기 넘치는 청년 이정은
꼬박 일 년 육 개월을 복역하며 다짐했다

나는 나의 사육제謝肉祭를 폐한다
일로 혁명을 향해 촛불을 켤 것이다
쇠창살 붙잡고 신양의 어머님께도 그렇게 말했다

17. 사육제를 폐하라

모래펄의 제단을 거둬라
화려한 융단을 깔고
사순제 직전에 술과 고기를 먹으며
가면 쓴 채 세상 잊고 하늘 맞닿게 뛰노는
맨살에 젖은 음탕함을 거둬라
하늘을 향한 열정을 거둬라
성의를 입고 엄숙하게
고상한 음성으로 복을 기원하는
되지 못한 축원을 거둬라
함부로 피를 꺼내지 말라
무수한 날들의 기원을
단순히 젯상에 진설치 말라
진고름 고혈 짜낸 민중의
발뒤꿈치가 핵심이다
그럴듯하게 현혹하는 미사여구는
개소리다 칼춤 추며
스스로를 베어라 냉혹한
가슴을 베어 이제
저 놈의 사육제는 폐하라
소름처럼 생살 돋는 아침을 폐하라

18. 출옥 후 동아일보 입사하다

일제 압정이 서슬 시퍼런 시절이었다
해외 망명지에서 반일운동 가담자를 처벌하는
제령 제7호 위반혐의로
임무년 4월 2일부터 익년 1월 19일의
만기 출소까지 도합 일 년 십 개월을 묶였다가
출옥 이틀날 이정은 서울에 왔다

갑자년(1924, 25세) 이월에 경성부 인사동 84번지에서
신흥청년동맹을 결성하였고, 삼월 초하루에
고려공산청년회 중앙총국 책임비서에 재선임 되었다

열흘 뒤부터는 김찬, 신철과 함께
전국을 돌며 신흥청년동맹의 첫 전국순회강연을 했고
사월엔 동아일보사에 입사한다
입사 당시 직책은 판매부 서기였다

그러다 십이월엔 지방부 기자로 보직이 변경되는데
이를 통해 이정은 경찰의 의심을 사지 않고
각 지방을 돌아다닐 수 있는
신분을 획득했고 이 직책은 조국해방을 위한
열혈 청년의 활동에 보탬이 됐다

19. 식민지 청년운동

"제가 박헌영입니다"
둥근 테 안경을 쓰고 머리 빗어 넘긴 청년이
무감각하게 스스로를 소개했다

도심지 플라타너스 낙엽이 뒹굴던
갑자년(1924년) 시월 열사흗날 오후 일곱 시
서울 종로 중앙 청년회관에서 신흥청년동맹 주최의
청년문제 대강연회에서 스물다섯 살의 이정은 연사였다
언론이 신흥청년 강연으로 소개한
이날 이정은 식민지 청년의 분기를 촉구했다

식민지는 원래부터 있어온 땅이 아니요
식민지 청년은 따로 분리된 이름이 아닙니다
스스로의 자각과 분발로 조국의 상황을
직시하여 스스로를 태우는 횃불이어야 합니다
농촌에서 도시에서 우리 일어섭시다
식민지 청년은 원래의 자주 청년으로
스스로를 무장시키는 이름입니다
떨치고 일어나 민중의 쟁기가 되어야 합니다

이정의 사자후에 장내를 메운
두루마기 한복 차림의 청년들이 달아올랐다

20. 신양에서 결혼식 올리다

신양천은 긴 울음,
질긴 힘줄에 매달려 있는 눈물샘 안고
울어울어 만산의 산바람 되는

동짓달도 깊은 동짓달
첫사랑의 생피 한 동이 쏟아부어

송이송이 붉은 꽃송이
동매가 되는 신양 논밭의
서릿발에 크는 논보리 될지라

죽어서라도 이 땅의
겨울 논보리 될지라

신양천은 긴 울음,
질긴 힘줄에 매달려 우는 눈물샘 달고
흘러흘러 만산의 노을이 되다

21. 조선공산당 창립대회

사랑의 향기는 폭풍우처럼 휘몰아쳐
상해에서 공부하던 시절에 만난 주세죽과
열렬한 사랑에 빠졌던 이정은
스물다섯 살 동짓달에 신양에서 결혼식을 올렸다

신양의 겨울보리를 보면서 이정은
잎 끝을 세우리라 다짐하다
사모관대를 벗기도 전인 그해 동짓달,
고려공청 활동보고서를 국제공청에 비밀리 발송한다

을축년(1925년, 26세) 정월엔 경운동 천도교당에서
반군국주의 운동과 청년을 제목으로 연설했다

그해 정월 김약수와 회견하고 회견 결과를
코민테른과 국제공청에 제출했다
다시 내재부 책임자와 회견하고
회견 결과를 코민테른과 국제공청에 제출했다

국제공청 조선담당 책임자인 조훈 앞으로
조선의 현상 및 당의 계획, 당의 조직방침 등을
밤새워 작성하여 제출하였다

이월에는 주세죽과 함께 전조선민중운동자대회 준비위원
삼월엔 청년단체회원 연령제한문제 정사위원이었다

삼월 초엿새엔 고려공청 창립대회 준비를 위해
신의주를 여행했고 사월 열이레엔 서울에서
경향 각지의 야체이카(세포) 대표자들이 모여
조선공산당 창립대회를 열어 조선공산당이 태동한다

반도는 출렁거려 일제를 위협하였는데
김재봉, 김찬, 김약수, 주종건, 윤덕병, 진병기, 조봉암 등
참석자들은 한 사람의 동지로 결속하였고

여기에 이정은 합법 사상단체인 화요회의
야체이카 대표로 이 대회에 출석했다.

조선 총독부는 감시의 눈초리를 번뜩였으나
장차 조선공산당이 소련 코민테른과의 유일한 교섭상대자로
조선의 각급 공산주의 단체에 대해
최고의 영도권을 주장할 것이란 사실을 몰랐다

22. 조선총독부

곱게 화장을 해 놓은 듯
고사상告祀床에 면도질한 돼지머리가
폐병 걸린 소녀처럼 하얗다
한강은 저렇듯
백납 먹은 환자들로 멸실되고
강에서 살던 백성들은
군홧발에 밟혀 닛뽄도에 허리를 잘렸다
양가집 며느리는 늙은 일본 관리의 첩이 되고
양반집 규수는 기생이 되었다
총독의 말은 왕의 말이라
산천초목은 다 총독의 것이었으며
천황 직속의 총독은
한강의 백성들을 똥파리쯤으로 여겼다
헛기침 한 자락으로 살아온
지배계급은 땅을 바치고
파리목숨을 구걸했다
맨숭맨숭한 돼지 대가리가
반도의 주인인 총독의 안녕을 빌고
무명 바지저고리의 조선은
폐병 걸린 소녀처럼 창백해져 갔다

23. 조선일보 입사와 퇴사

태양이 플라타너스 잎사귀를 물들이는
여름 내내 이정은 전신이 아팠다

불과 한 달 전(1925.4.17) 조선공산당을 조직했는데
사월에 또 고려공산청년회를 결성하여 중앙간부회의에서
책임비서로 선임된 것도 오월에
동아일보를 퇴사한 것도 팔월 초나흘에
한양청년연맹을 결성하고 집행위원이 된 것도
팔월에 조선일보에 입사한 것도
구월에 고려공청 책임비서 자격으로
서울주재 소련 총영사관에 파견할 대표자
김단야에게 위임장을 발급한 것도
고려공산청년회의 예산청구서를 국제공산청년회에 제출한 것도
시월에 사업보고, 반동에 관한 보고 등을 작성
국제공산청년회에 발송한 것도
한양청년연맹 주최 반기독교 대강연회에서
"과학과 종교"라는 제목으로 강연한 것과
"역사상으로 본 기독교의 내면"을 집필한 것도
지난 시월 십오일 조선일보사를 퇴사한 것도

여름 내내 지친 비탈진 산골짜기의
앓아 단풍든 이파리처럼 아팠기 때문이다

24. 고려공청의 비밀문건이 발각되어 체포되다

경성 훈정동 4번지는 이정의 거처였다
을축년 동짓달에 일어난 신만청년회원의
폭행사건을 수사하던 종로 경찰서는
조선일보 신의주지국 기자 임형관을 다그쳐
이 문건을 이정한테 받았다는 자백을 받아냈다
건더기를 건졌다고 판단한 일경은
이틀 후인 29일 밤에 훈정동 4번지 집으로
민간인 복장의 체포조를 파견하여 이정 부부를 체포했다

이밖에 유진희, 주종건, 권오설과 경남 마산부의
노동회 간부 감상주와 경기도 강화의 박길양이 체포된다
이들은 살 저미는 추위가 기승을 부리는
섣달 초사흗날 오전 꽁꽁 묶여
멀고 먼 신의주 경찰서로 압송됐다

이정은 일 년 전에 예식을 올렸다
그날은 하필 예식을 준비 중이셨던
신양 어머니께서 깨알 같은 글씨로
한번 다녀가라는 첫 편지를 보낸 날이었다

고향 신양의 햇살도 저리 부실까?
이송되면서 이정은 신의주 역사에 이슬을 뿌렸다

25. 무언극無言劇

활활 타는 불꽃 속에서
입은 봉한 채 용암 덩어리 섞인 물을 먹으면
비루먹은 잠언이 걸어 나온다
비탈길 눈물 먹은 얼굴이 걸어 나온다
노동자 농민이 주인이 되는 세상이란
어쩌면 허접쓰레기일지 모른다
맨땅에 가마니 깔고
한겨울을 버틴 뼈 가죽만 남은 사내를 향해
말 한 마디 못하고 멀찍이 서서 바라만 보는
여인의 입속으로 다시 잠언이 회귀한다

삶이 찰나의 공허는 아닐 것이다
태양에서 지구까지의 거리만큼이나 먼
코앞에 끌려가는 사내는
불을 먹고 나온 칼일 것이다
칼날로 생명을 삼는 벼린 칼일 것이다
세상의 언어 대신 칼날을 풀 것이라
기약은 없으나 언젠가는 칼날을 풀고
뜨거운 칠월 바람 속으로
덧없이 쓰러질 풍장이 된다 해도
뜨거운 칼날을 풀 것이다
기약은 없으나 반드시 칼날을 풀 것이다

26. 서대문형무소 독방에 수감되다

체포 한 달여 만에 주세죽 여사는 풀려났다
그러다 정묘년의 6.10만세 사건으로
다시 구속된 주세죽은 증거불충분으로 다시 풀려나와
신의주에서 이정이 압송되어 온다는 기별을 접한
칠월 스무하루는 땡볕이 유난히 무더운 날이었다

마치 무언극을 하는 일인 배우처럼 주세죽은
신의주에서 열차편으로 압송되어
신촌역에 내리는 이정을 바라보며 울었다

입술 온화한 이정은 고갤 돌려 외면했다
지난날 평양의 음습한 감옥과 유사한
서대문형무소 독방엔 이정의 혼백이 뜨고
이정의 울부짖음과 정신착란 증세가 더쳐 갔다

이 사건이 이른바 악명 높은
조선공산당 백오인의 일차 공판 사건이다
법정에서 이정은 민족해방과 정의의 실현을 위함이라는
목숨을 건 법정 발언 이후 머리 찧으며 단식에 들어갔다

형무소 냉기가 벽을 허물어뜨리는
냉기 어린 독방은 여린 목숨을 품었다
숨 거둘 수 없는 독방은 이정의 정신을 껴안았다

27. 신양 어머니 편지

수은주 얼어붙는 추위에다
동지 지나 내린 눈 무게를 견디지 못한
오백년 묵은 소나무 가지가 찢어졌다

서대문형무소에선 아침마다
두툼한 내의에 외투를 껴입은 간수들이
입어 더 추운 홑겹으로
가마니 바닥 위에 뒹굴다 얼어 죽은
수인들을 리어카에 실어 내다 버리는
일로부터 아침일과가 시작된다

한 달에 두 번 허락된 면회 시
추위와는 전혀 상관없이 입고 있는
얇은 홑옷을 보고
얼음장 아래 움츠린 송사리 같았다든가
얼음강에서 건져 올린 피라미 같았다든가

덜덜덜 이 부딪치며 떨고 있는 모습에
그 자리에서 무진 울고
집에 가서도 한없이 울었다는
신양 어머니의 편지에 불화로 있다

태양은 때로 그 빛을 감춰도
작은 송사리 떼 살리는 신비로
반드시 그 빛만큼 되비쳐준다

지금 적막한 천지간에 흡사 주검처럼
영혼마저 외로이 떨고 있을 때
불화로 더운 기운 뿜어 나온다
불기둥 내뿜는 신양 어머니의 편지 있다.

28. 병보석 출감하여 병원에 입원하다

신양천이 예까지 흘러 왔구나
만 이 년여를 수감 되었던 형무소를 나설 때
아내 주세죽의 눈물방울 옆 자리에
출영 나온 신양 어머니를 보고 그렇게 느꼈다

어머니의 공양이 헛되지 않았는지
수감된 해(1927) 동짓달에 병보석으로 출감하자마자
서소문정에 있는 김탁원의 병원에 입원한다

정신병 전문의 김탁원은 진단하길
정신이 완전히 상실되어 치료하기 매우 어렵다
하여간 몇 달을 두고 성심껏 치료해 보겠다고 했다

속으론 정신이 말짱한 이정이
정신이 완전히 상실되었다는 이 진단은
바로 치밀한 이정의 계책이었다

질 바엔 도망가라고, 도망해 온 것이다
겉으로 드러난 정신을 빌미로
멀쩡한 정신이 정신으로부터 도피한 것이다

29 시인 심훈, '박 군의 얼굴'을 쓰다

'이게 자네의 얼굴인가?
여보게 박 군, 이게 정말 자네의 얼굴인가

알코올 병에 담가 논 죽은 사람의 얼굴처럼
마르다 못해 해면海綿같이 부풀어 오른 두 뺨
두개골이 드러나도록 바싹 마른 머리털
아아 이게 과연 자네의 얼굴이던가?

쇠사슬에 네 몸이 얽히기 전까지도
사나이다운 검붉은 육색肉色에
양미간에는 가까이 못할 위엄이 떠돌았고
침묵에 잠긴 입은 한 번 벌리면
사람을 끌어당기는 매력이 있었더니라

4년 동안이나 같은 책상에서
벤또 반찬을 다투었던 한 사람의 박은
교수대 옆에서 목숨을 생으로 말리고 있고
C사에서 마주앉아 붓을 잡을 때
황소처럼 튼튼하던 한 사람의 박은
모진 매에 창자가 꿰어서 까마귀밥이 되었거니.

이제 또 한 사람의 박은
음습한 비바람이 스며드는 상해의 깊은 밤
어느 지하실에서 함께 주먹을 부르쥐던 이 박 군은
눈을 뜬 채 등골을 뽑히고 나서
산송장이 되어 옥문을 나섰구나

박아 박 군아 * *(헌영)아
사랑하는 네 아내가 너의 잔해를 안았다
아직도 목숨이 붙어 있는 동지들이 네 손을 잡는다
이빨을 악물고 하늘을 저주하듯
모로 흘긴 저 눈동자
오! 나는 너의 표정을 읽을 수 있다

오냐 박 군아
눈은 눈을 빼어서 갚고
이는 이를 뽑아서 갚아주마!
너와 같이 모든 * (한)을 잊을 때까지
우리들의 심장의 고동이 끊길 때까지.'

경성고보 1년 후배였던 심훈(沈熏 1901~1936)은
출감되는 이정을 보며 통곡 대신 이 시를 썼다
여기서 '교수대'의 박은 당시 황태자 암살 건으로
20년째 복역 중이던 박열(朴烈 1902~1974)이고, C사는
비타협 인사들이 만든 시대일보이며
'까마귀밥이 된' 박은 공산당 사건으로 고문 받다
비명횡사한 박순병(朴純秉 1901~1926)이다.

30. 첫 아이의 출산과 소련으로의 탈출

하늘은 하나의 혹독한 시련을 주시면
반드시 하나의 장엄한 환희를 주신다
한쪽 문을 닫으시면 다른 쪽 문을 여신다
신양 어머니의 말씀이 예언이었을까
신양 일사리의 옥당밭 같은 만삭의 주세숙은
외양의 정신병자 이정을 돌보면서
첫아이의 출산 준비를 하고 있던 무더운
팔월에 갑자기 양수가 터지기 시작했다

화장실 출입까지 따라붙던 형사들도
이 때만은 자리를 비켜주었다
일본 경찰의 감시망과 국경수비대의 감시망을
벗어나는 길은 이 때뿐이다 소형 어선을 타고
비호처럼 해로를 통해 국경을 넘는 것이라
단정한 이정은 재빠르게 움직여
감쪽같이 일경을 따돌리고 뱃길에
익숙한 동지의 손에 의해 두만강을 건너
소련 연안 블라디보스톡으로 탈출(1928)했다

신의주 공산당원 천금성과 그의 동생 금필은
어려서부터 뱃길에 능했다
탈출에 성공하는 순간이었다

31. 두만강

상류를 따라 올라가 물속에 들어가면
까닭 없이 벌렁벌렁 뛰는 심장이
은하처럼 반짝이며 물속의 산하에 부딪친다
지층의 시퍼런 눈을 펴 올리는
수천수만 개의 물 알갱이들이
소련과 중국의 국경을 따라 흘러온 물줄기에
목숨을 부지한 계절과 합류하여
강안江岸 깊숙이 선혈을 뿌리고
매 발톱보다 날카로운 일경의 눈을 피하여
야삼경 뱃길로 도망쳐 온
젊은 항일투사 내외의 모습이 흡사
이효석의 소설 〈노령근해〉와 유사한데
하류를 따라 내려가 물속에 빠지면
까닭 없이 벌렁벌렁 뛰는 심장이
은하처럼 반짝이며 물속의 산하에 부딪친다

32. 이정의 아들, 원경 스님이 말하는 두만강

'두만강 푸른 물에 노 젓는 뱃사공/ 흘러간 그 옛날에 내 님을 싣고/ 떠나간 그 배는 어디로 갔나/ 그리운 내 님이여 그리운 내님이여/ 언제나 오려나'

김정구 노래 〈눈물 젖은 두만강〉 1절

"우리나라 국민들이 일 순위 애창곡인
〈눈물 젖은 두만강〉의 실제 모델은 아버지예요
이건 생존 시 김정구 씨도 확인한 말이예요"
이정의 아들(박병삼)로서 현재 생존해 있는
너털웃음의 원경 스님은 그렇게 증언한다
한 많은 질곡의 너울을 고달피 건너온
너털웃음 속에 한 많은 두만강 푸른 물이 흘렀다

33. 국제레닌학교 입학과 졸업

국제레닌학교란 코민테른이 운영하던
공산주의 재교육기관이었고, 입학생들에게는
재학기간 동안 기숙사, 장학금, 의복, 음식이 제공된다
당시 코민테른 동양부 조선담당 조사관이던 김단야는
이정의 국제레닌학교 입학을 적극 지원했다

블라디보스톡에서 모쁘르의 도움으로 병 요양을 하고
첫 딸(박비비안나)을 낳은 이정은 을사년(1929, 30세) 이월에
미래의 꿈을 위해 간절히 고대하던
모스코바 국제레닌학교 입학을 허용받는다
여기서 월남의 지도자 호치민과도 동문수학하며
사회주의 근간을 확립하는 계기가 되는데

이 학교에서 이정은 엥겔스의 〈가족 사유재산 및 국가의 기원〉
〈공산당선언〉과 막스의 〈자본론〉 등을 밤새워 읽는다

한편, 이정의 건강회복과 레닌대학 입학에
고무된 주세죽도 같은 해에 동방노력자공산대학에 입학한다
원 없이 공부한 뿌듯한 기억을 안고 이정은
신미년(1932, 32세) 말, 국제레닌학교를 졸업한다

34. 백야, 김좌진 장군 피살되다

홍성 출신의 독립운동가 백야 김좌진 장군은
이정이 레닌학교를 졸업하기 이 년 전인
병자년(1930)에 고려공산청년회의 사주를 받은
박상실의 흉탄에 중국 영안현 자택 앞에서
마흔두 살을 일기로 순국한다
일찍이 청산리 전투에서 북로군정서의 총사령관으로
이천오백 명의 독립군으로 일군 삼천삼백 명을
일시에 섬멸시킨 영웅이요 선각자였던
민족 지도자 백야를 잃은 것은
한 개인의 죽음이 아닌 민족의 죽음이었다

35. 모스코바의 선달

혁명을 꿈꾸는 백설이 떠돌다 정착하는 곳
그냥 썩어 죽더라도 시시하게 녹아 흐르진 않는 곳
영하의 추위에도 끄떡없이 더 시퍼래져
솜털이란 솜털 죄다 빠져 억센 털 솟는 곳
천길 벼랑 위 가시 둥지를 떠나 기어코 비상하는 곳
묵은 땅을 갈아엎고 새 생명의 씨알 뿌리는 곳
눈이 와도 달포 내내 그침 없이 눈 내리는 곳
싸워도 심장 꺼내 들고 일생 내내 싸우는 곳
모스코바 도서관에서 밤낮 책에 몰두하던 레닌이
굶어 죽은 딸 둘을 언 땅 파고 혼자 묻던 곳
이국 만리타향에서 불태우는 이상理想의 검은 갈기의
외투에 고갤 묻고 이정은 아무 말도 할 수 없었다

36. 코민테른에 의해 상해로 파견되다

행동이 모든 것을 결정한다
조선공산당 재건 준비사업을 위해
상해로 파견 온 이정은 제일 먼저 김단야와 함께
임신년(1932, 33세)정월에 기관지 콤무니스트를 발행한다
조선공산주의 운동 기관지를 발간하면서
이정은 국내와의 연계 사업을 수행했다
이것이 1930년대 이른바 국제선의 태동이다

이때 이정은 왕양옥이란 가명을 썼다
주소는 상해 프랑스조계 막리아로 91번지였다

콤무니스트는 국내 공산주의 운동을 지도하면서
이정은 이 잡지 4호에 "과거 1년과 조선공산주의 당면 임무"를,
5호에 "토지를 위한 투쟁을 전개하자"를
6호에 "목전에 절박한 소비에트 전쟁과 우리의 임무"를
각각 기고하면서 반일 투쟁과
반봉건 투쟁의 결합을 주창했다.

공산의 용어가 생소하고 낯설 때
민중이 주인이 되는 새로운 세상의 실현을
그 주의와 그 사상을 맨 처음 선포하며
정신이다, 먼저 정신이 무장되어야 한다며
이정은 조선에 불을 던지기 시작했다

37. 그 당시 윤봉길의 의거

서른세 살의 이정이 상해에서
공산당 조직에 심혈을 기울이고 있던 그 때
조선에선 스물다섯 살의
대한의 열혈남아 매헌 윤봉길이 있었다
태양은 떴어도 햇빛이 없었던
칠흑의 밤보다 캄캄한 한낮에
대한의기의 표상 윤봉길이 있었다
스물다섯 살 청년을 껴안고 통곡하며
백범은 차고 있던 시계를 풀어 건넸다
대한독립도 함께 건넸다
꽃보다 아름다운 아내가 고향에 있었다
어린 자식들과 연로한 어머님도 계셨으나
매헌에겐 그러나 환희가 있었다
덕산 원효봉의 정기 같은
꿈틀대며 용솟음치는 태동이 있었다
'장부丈夫 한 번 집을 나가면
어찌 살아서 돌아오리요'
강철보다 굳은 맹서 눈뜨던
임신년(1932) 사월 스무아흐렛날
상해 홍구공원은 요동쳤다
스물다섯의 대한남아 윤봉길은 이날
영원히 사는 생명을 얻었다

38. 세 번째 투옥되다

써레와 망치 모양의 아호 이정而丁은
인민의 고무래를 상징하면서
노동자와 농민을 뜻하는 동시에 스스로
'이놈'이라고 호칭하던 것을 한자어로
옮긴 것이기도 한데 또 다시
이정은 묵정밭을 갈아엎었다
여문 낟알을 뿌려온 지 수 개월 지나
싹이 안 튼다고, 곪아 터진 거라고
날카로운 쟁기 볏에 갈려 다시
속살 드러내 놓고 땡볕에 나뒹구는
칠월, 저 징그런 칠월의
늦장마에 상해에서 대전까지 떠내려와
외피가 찢겨 나갔다
누구 하나 눈길 한 번 주지 않는 자리를
굳세게 매만지며 천리 길 오간
신양천 어머니의 둔덕이
미치게 그리운 닭 울음소리 요란한 새벽,
나도 싹틔울 거다 울음 울 거다
일 년이 아닌 이 년 만에 싹터
붉은 살 열고 크는 주목처럼
붉은 살 터트리며 나도 싹 틔울 거라며
이정은 시궁창에 나뒹굴며 말했다

39. 중형을 선고받다

계유년 칠월 초닷샛날 붙잡혀 온 이정은
동짓달 스무하룻날 경성지방법원에서
무라타 검사로부터 칠년 형을 구형받는다
당시 김병로 변호사의 변론도 무위로 끝나
뱁새눈깔에다 황새걸음걸이의 오만한
야마시타 재판장은 선심 쓰듯 육년 형을 선고했다

죽음을 능가하는 고문이 기다리고 있는
투옥의 험난한 와중이었던
계유년(1933, 34세) 칠월 초닷샛날은
결국 이정과 그의 아내 주세죽 간의 마지막 날이었다

속국의 백성은 운명조차 처절한가
이정과 함께 쉬던 신양 차동리 쉴천골을 그리며
상해에 떨어진 주세죽은 이정이 죽은 줄 믿었다
숨어서 체포되는 과정을 지켜본 주세죽도
그것이 생이별이 될 줄은 정녕 몰랐다

백성의 행복은 하수구에 처박히고
오천년의 핏물을 잉태한 한강에 먹구름 내려와
이 날 이후 두 사람의 재회를 막았다

40. 대전형무소에 복역하다

살모사의 독 오른 이빨과
늙은 총독의 썩은 잇염이 뒤섞여 있다

검·판사의 썩은 물들이 우물을 채웠고
음모와 모략과 살인과 무법이 도처에
배어 있다 무릎 묻히는
사계절의 폭력이
마천루의 빌딩 숲에서 사람들을 해쳤다

똥물 뒤집어 쓴 늙은 쥐 떼와
먼지와 음모와 걸인의 토악질과
뼁끼통을 흘러나온
수많은 수음의 정액이 뭉쳐
망국의 처마를 부수어 안방을 허물어뜨렸고
이리저리 도망 다니기 바쁜 통곡은
나이테처럼 층층이 쌓여갔다

북풍과 폭풍이 번갈아 덮치고
대대로 살던 터전을 잃고 사람들은
도회지 부랑자나 걸인으로
겹겹이 계층을 쌓아갔다 폭력만이
공공연히 난무하는 파도의 와중에

신양 서계양리 벌논들 같은 가슴을 열고
날 저물어
한 사내가 간절히 청천을 살핀다

기다린다 찾고 부르짖는다
곧 만난다 곧 만나리라
층층이 수백 겹으로 쌓인 투망을 뚫고
대하의 거센 파도에 맞서며
연어 떼는 끝내 귀향하리라

전갈의 독과
늙은 쥐 떼의 살벌함이 쌓여
온갖 억지로 가두어 놓은 이 엉터리의
제국주의 허울을 박차고
육 년 아니라 그 열 곱절이라도
싸운다 싸운다 나는 싸우다 실개천
그 향기로운 개여울로
신양 대덕리 칠성바위 간절함으로
싸우며 또 싸우며 천년바위로
나는, 나는 싸운다 끝까지 싸운다

주술呪術로 육체를 벗어나
육체를 이기고 정신을 벗어나
향천사 천불전의 염력을 일궈내어
영혼에 닿는 필사의 환생으로
싸운다, 나는 죽어도 싸운다

41. 복역 중에 일어난 일들

복역 중에 자주 조선의 집들이 흔들렸다
무너지고 기울은 서까래를 헤집고
산송장들이 산목숨을 들쑤셨다

무덤 앞에서 하루 이틀 사흘 열흘째
곤하고 지친 내 영혼이 서 있습니다 아버지
예산경찰서의 일제 경찰 요시모토 경사로부터
온갖 고문과 구타를 당하고
일주일 내내 꿇어앉혀 있다가 꿇어앉힌 채 운명한
굵은 주름살 예산 신양의 아버지
아버지의 무덤 앞에 꿇어 엎드려 운다

꿈에 영혼으로 오신 슬프고 저린
신양 아버지의 부음을 듣고 구슬피 울었는데
그 울음이 그치기도 전에

아내 주세죽은 이정이 죽은 걸로 판단하고
김단야와 재혼한다 아내이자 평생 동지, 아니 그보다
더 고매하고 위대하며 소중한 이와의 결별
미지의 삶은, 그러고 보니 삶은
알고 있는 게 없다 특히 사랑이란 것, 저것은
한치 앞을 모르는 고분자 화합물이라

얼마나 복잡하고 얼마나 음흉한 고변告變이던가

생의 지렛대를 부수며 짓누르는 쇠창살의
차가운 대지에 이정은 울며 입술 타고 피 흘리는데

줄기차게 그래도 줄기차게
봉산 금치리의 미륵불 같은 어머니가
수만 년 지나 환생한 듯
녹문리 장터 돌아돌아 귀곡리 서낭모캥이서
한나절을 빌고 또 빌고 오신
신양 어머니가 대전형무소를 오가셨다

42. 대전형무소를 6년 만기 출옥하다

논둑을 걷고 있었느니라
에미가 저녁놀빛 일렁이는 신양 논둑을
걷고 있었느니라 손에는 바가지 들고
물살 출렁이는 칠월 논둑을 걷고 있었느니라

시퍼렇게 크는 벼 포기 사이사이
꼭 너만했느니라 왕우렁이들이 여기저기
널브러져 있었느니라 버선 신은 채로
한걸음에 달려가 금세 한 바가지 주웠느니라
귀곡리 무드리들에 그득했느니라
예산 조롱박이 모자라
논둑에까지 수북이 쌓아 놓았느니라

긴 세월이 아니었구나 너와 나의
뼈를 깎는 육 년이란 수형의 세월도
까마득한 날들이 아니었구나

고비고비 세월을 묵어 몸집 키운
왕우렁이들이 긴 더듬이 내어
오늘밤에 내게로 몽땅 들어왔었느니라

네 아비의 손처럼 나를 더듬더니

내 몸에 들어왔느니라 아느냐
내 삶의 생명이 무언지 아느냐
내 검은 갈기의 그리움만 키우는 우린

함께 있을 때만이 살아 있는 것이구나
덕산 보덕사 석등의 불빛이구나
남몰래 은비늘 반짝이며 살아 있는 것이구나

43. 경성 콤그룹의 지도자 되다

거리엔 때 이른 플라타너스 낙엽이 쌓여있다
육 년 넘게 묶여있던 족쇄를 풀고
을묘년(1939년) 구월 대전형무소 문을 나섰다
대전의 육 년 징역형을 합쳐 도합 십여 년 동안
일제의 옥중에 수감되었던
이정의 나이는 이때 이미 마흔이었다

복역 중에 작고하신 부친의 요소에 참배하며
통곡을 한 뒤 고향 신양에 잠시 머물렀다

신양에서 이정은 육촌 누이동생에게 말했다
머잖아 일본은 망한다 너희 남편도 사람들에게
인심 잃지 말고 지내라고 해라
이웃과 가까운 대흥향교 아래 의좋은 형제처럼 살아라
그러고는 서울로 상경한 뒤 잠적하였다

당시 전국적으로 공산주의 운동을 지속하고
혁명사업에 매진하고 있던 경성콤그룹의 지도자였던
이관술을 비밀리에 만난 후 이정은
단번에 이 그룹의 지도자가 되었다

이관술과 영등포에서 만난 뒤 인천을 거쳐

을묘년 동짓달부터 익년 정월까지
한 달 열흘 남짓 일제의 눈을 피해
조선 중원의 지리적 전략적 요충지라 판단한 청주 땅
청주 비밀 아지트에 기거하면서 지하운동을 했다

공산주의 전파를 통한 민중의 행복과 조국의 독립
오로지 그만을 위하여 전신을 소진할 그때
동지들은 한 처녀에게 이정의 음식수발을 맡겼다

커다란 눈 진한 눈썹의 순하게 생긴 시골처녀였다
조석을 챙겨주고 지근거리에서
이정이 몸 숨긴 아지트를 살펴주며
곁에서 이정을 도왔는데 이 처녀가 훗날
이정의 아들을 낳는 두 번째 부인이 된다.

44. 뒤웅박

– 정순년의 독백

쪼개지 않고
꼭지 근처에 주먹만한 구멍을 뚫고
속을 파내어 내가 담은 것은
오로지 당신이었습니다
뒴박, 두뱅이, 주룸박, 두룸박이라며
말들이 많건 적건 간에
내 속은 오로지 당신이었습니다
대오리를 그물처럼 만들어
깨지거나 터지지 않게 보호해줘도
내 속은 당신이었습니다
밤이나 낮이나 품은 건
찹쌀밥이나 씨앗 따위가 아닌
내 영혼의 첫 그림자, 당신이었습니다
내 속 전부를 파 내다버리고
내 사랑 당신으로 꽉 채웠습니다
나는 오로지 당신입니다
처마 밑이나 방문 밖에 달아매어
옥죄어 죽어도 당신,
나는 오로지 당신뿐입니다

45. 쌍가락지

"자네가 이 세상에서 큰 힘이 되었소"
이 말이 마지막 말이 될 줄은 아무도 몰랐다
문밖에 쌓인 흰 눈처럼 간직해 온 순정을
몸 떨며 바친 첫 남자 이정이
스무 살 앳된 처녀의 손가락에
민들레 문양이 새겨진 쌍가락지를 끼워주며
주고받은 말이 서로 간 마지막 말일 줄은
이정도, 정순년도, 뱃속의 아이도 몰랐다

흔히 세간에 서대문사건이라 알려진 경성콤그룹
1차 검거 사건은 경진년(1940년) 동짓달부터 시작되었다

얼마 전 육 년 넘게 형무소 생활을 한 육감으로
비밀 아지트도 노출되기 십상이라
서둘러 새로 부부의 연을 맺어 임신한 아내를
청주 비밀 아지트로 내려 보낼 때
이정은 미리 쌍가락지를 준비했다

왜 쌍가락지냐 하면
하난 자네고 하나는 나요 어쩌면 또
하나는 소련에 두고 온 딸이고 하난 태어날 아기요
해방이 되는 날 자네는 고마운 인사를 받을 거요

안전한 청주로 가서 조용히 있으면 고향에서
어머님이 가셔서 산후를 돌보아 주실 것이요
명심하오 왜 쌍가락지냐면
우리 둘이 하나라 쌍가락지라 이거요

이정의 둘째 부인 정순년은 임무년(1922년)에
충북 영동군 학산면 도덕리에서 출생했다
경성콤 회원이자 해방일보 주필을 지낸 정태식은
집안 당숙인데 당숙의 권유로 서울로 왔다

애초 신학문을 가르칠 목적 대신 당숙은
지하공작을 하는 이정의 잠행을 돕게 시켰다
청주와 서울에서 이정과 함께 기거하다
하늘의 인연을 어찌하랴 어느 겨울밤
정순년은 이정과 부부의 연을 맺었던 것인데

쌍가락지, 가슴에 품어보고
쌍가락지, 눈물에 씻어보며
쌍가락지, 영혼에 감아보다
쌍가락지, 죽음까지 동행할
정순년 왼손 약지의 쌍가락지는

청주에 오신 신양 시어머니의 시중 속에
예당호 너른 호수의 물살이 흘러흘러
신사년(1941년) 삼월, 훗날 이정에게 눈물로 절하며
제사상을 올리게 될 아들 박병삼을 안는다

46. 도피생활의 연속

몸이란 실상 흙이 아니겠느냐
평수가 무슨 소용이랴
벽돌공장 바로 옆집 한 칸짜리 행랑방이 전부다

큰아들 놈이 태어난 그해 가을에
종로사건으로 불리는 경성 콤그룹 2차 검거사건에
흙 한 줌 빠져나오느라 별짓 다했다

행상인도 되어 보고, 노동자 약사 점쟁이 등등
하여튼 안 해본 인물이 없으니
내 흙이야말로 일급 배우를 창조해내는
으뜸 공예품이라 할 만했다

추적하던 경찰은 하도 지쳐서 그만
박헌영은 국외로 탈출했다
발표하고 나면 돌연 박헌영과 만난 사람이
붙잡혀 들어와 경찰만 곤욕을 치렀어도
갓 낳은 아들을 한번 안아주지도 못하고 도피하여
임오년(1942년, 43세) 동짓달에 흰 눈발 맞으며
광주 이 낯선 땅에 흙을 풀고
행랑방 한 칸이 흙의 전부였으니

한밭 모서리 채 한 평이 안 되는 형무소나
칠흑의 어둠에 짐승처럼 뒹구는 지금이나
흙에 갇힌 흙은 비슷한데

벽돌공장 노동자로 벽돌을 찍어내듯이
광주에 있으면서 지방 동지들과 연계를 구축하고
당 재건 준비사업을 지속하는 일들은
그래도 비교할 수 없는 광명이라
방직공장 변소 청소부로 일하는 것도 즐거웠다

광주 흙집 행랑방 뒤켠 소나무에 부엉이 있다
신양 고향집 뒤 밭머리의
그 부엉이가 예까지 와서 평안한지
눈 큰 내 새끼는 잠 잘 자는지 어머니 따라
신양읍내 한 바퀴 돌아 왔는지 모를 부엉이가

몸이라 불리는 흙을 달고 흙에 누운
이정의 검정 고무신을 밤새 보듬고 보살폈다

47. 어머니의 부음

여기저기 귀 떨어져 나간
질그릇 그대로
숭늉조차 담을 수 없는
질그릇 그대로
멀리 내다 버려도 좋은
질그릇 그대로

까무라치고 또 까무라치며
당신의 부음을 들었습니다

일경에게 혹독한 취조를 당한 뒤 눈감으신
아버지의 영상을 지우기도 전에
어찌 또 당신마저 깨진 질그릇을 버립니까

따순 진지 찬물 한 사발
평생 단 한 번 살풋한 정성 올리지 못한
빼저린 질그릇의 앙금에 괸
비통한 영혼의 전율 그대로

신양천변 흰 치맛자락
단 한 분 내 어머니의
장례식장에 가지도 못하는

질그릇 그대로

마지막 제 선물을 올립니다
평생 당신이 그랬던 것처럼
평생 정갈하게
투박하고 귀하게 오직
당신만을 그리워하오리다

어머니, 내 어머니여!

48. 그때 종군위안부는

찌르레기가 붙잡혀 손에 쥐어졌다
대가릴 톡톡 쳐보기도 하고
부리를 톡톡 쳐 올리기도 한다
찌르륵 찌르륵 울음을 멈추고
놀란 눈으로 자신을 포획한 치한을 본다
아늑한 가지에 깃을 내렸는데
나무가 잘리고 어둠은 교묘하여
음흉한 발걸음을 전혀 알지 못했다
정든 고향 정든 집을 떠나
어딘지 가늠조차 할 수 없는 땅에서
강제로 꽁지 올리고 음부를 터는
손짓에 멀거니 정신 나갔다
보송한 깃털마저 뽑아내며 웃는 폭력에
고샅 시냇물이 마르고
조선의 십자가는 내동댕이쳐졌다
행여 꿈이나 고뇌를 말하지 말라
명예나 사랑을 논하지 말라
종군기장 종군기자 종군작가는 있어도
종군위안부는 없는 사전에
수백 수천의 찌르레기는
희디 흰 조선의 처녀들은
자신을 타고 짓누르는 치한을 본다
도저히 가늠 못할 운명을 본다

49. 광주에서 맞이한 일본 패망

일본 제국주의와의 사투는 끝났다
방직공장의 변소 청소부이자
일경이 수배한 최고의 수배범인지라
계미년(1943, 44세)의 어머니 장례에
못 갔어도 오늘 이정은 흙벼락 담집 붙잡고
희열에 찬 음성으로 소리 질렀다

을유년(1945, 46세) 오월에 독일 패망 소식을 듣고
일본의 필패를 예견한 이정은
광주 벽돌공장 주인 이득윤에게 인사할 겨를 없이
공장 감독 오천석에게 "장래를 위해 서울로 가겠다"
간단한 말을 남기고 서울에 왔다

때는 을유년 팔월 초하룻날이었다. 이날,
일제 제국주의와의 사투는 끝났다
이제부터다 이제부터 새날이 왔다

정신병자처럼 충혈된 눈으로 크게 외쳐댈 때
구름을 뚫고 비치는 팔월 햇살 사이
신양 녹문리 용바위가 트림하고
신양의 부모님 얼굴이 보였다 사라졌다.

제2장

만산의 달무리

신양의 만산 어귀
낡고 허물어진 예배당 종각에 줄 늘어져 있다
딩딩딩 새벽이면 한 바탕 땀 흘린
종소리들이 예배당 옆 작은 사택에 잠든
궁둥이 펑퍼짐한 딸을 깨운다

호젓한 가을 들녘을 동행하면서 그녀는 말했다
저, 가을 들녘이 이처럼 아름다운 줄 몰랐어요
그때 만산의 얕은 개여울이
샛노란 은행잎을 오지랖에 받아 내면서
한 여름 내내 키운 들국을 내언저리에 실어 날랐다

만산의 마음도 물살 따라 흐르는가
다 저녁때 호롱불 켜지는 창문 밑에서
무어 꼭 할 말이 있는 듯이 그녀는
혼자 남는 게 싫다는 듯이 조심스레
종각의 긴 줄을 붙잡고 맴돌았는데

딩딩딩 그녀의 몸속에서 종소리 퍼졌다 원을 그리며
딩딩딩 나의 마음속에서도 종소리 퍼졌다
밤하늘 타고 둥글게 둥글게 퍼져
그날 이후 서로 헤어져 소식 모르는 사연들 하나하나
야트막한 산 아래에 풀어 놓은 것이다

행여 눈물방울 떨굴까봐
희뿌옇게 달그림자까지 풀어 놓는 것이다

1. 8.15 광복의 감격과 분열

종로 네거리의 담벽과 전신주가 몸살을 앓았다
지하에 숨어 있는 박헌영 동무여! 어서 나타나서
있는 곳을 알려라! 우리 나갈 길을 지도하라!

곳곳에 이정의 출현을 갈망하는 삐라가 나붙고
이정을 숭배하는 국민들의 열망이 경성을 뒤덮었다

삼십육 년이다 그 긴긴 세월을 시달리다
압제의 사슬에서 풀려난 시민들이
인산인해를 이뤄 만세를 외쳤으나
압제의 가시는 쉬이 걷힐 수 없는 것인가

팔월 얄타협정에 의해 대일선전포고를 한 소련이
피 한 방울 흘리지 않고 일주일 만에
빨찌산 청년 김일성을 앞세워 북한에 진주하여
일제의 정부 조직과 군경의 무장해제 즉시
인민위원회를 조직하여 정권 형태를 갖춘다

한편, 하지 중장을 사령관으로 하는
미군 14군단이 구월 초 인천에 상륙하여
남한에 미군정을 실시하여 조선 광복이 곧
오천년 역사를 질곡에 처넣게 될

미, 소군의 한반도 진주라는 뜻밖의 상황에 처한다

오천년을 이어온 한 민족 한 나라가
큰 키에 검정 털 부숭부숭한 이민족들의
아무런 이해상관 없는 백색인종의 군홧발에
둘로 쪼개지는 분열에 직면했고

한낱 콘크리트 덩이에 지나지 않는 전신주도
제 가슴에 이름표를 달고 춤췄던
해방은 결국 이렇게 조국 분단으로 이어졌다

민족 통합 실패의 유산은 이렇게 고스란히
오천년을 살아온 국민의 몫으로 되돌아올 수밖에 없었다

2. 민족 통합 실패의 부메랑

일제의 길고 긴 철권통치에 맞선
상해임시정부가 국제적 승인을 얻지 못한 것이
광복 후 국내 정치적 혼란의 원인이었다

이미 갑신년(1944년) 팔월에 국제 감각이 빠른
여운형 주도로 결성된 조선건국동맹이
광복 후에는 조선인민공화국을 조직하였다.

미군이 진주해도 조공에 행정을 넘겨주리라
기대하였으나 조선인민공화국 중앙위원회 구성원 중
총 54명이(72%) 박헌영 계의 공산진영이 차지하자
시월 십일 미군정은 이를 부정해버렸다

십일월에 상해임시정부의 요원이 귀국할 때도
개인자격으로서의 귀국을 못박아
미군 정권하에서는 일체 한국인의 정권 형태가
불허되고 단지 정당 활동에만 국한시켰다

늦가을로 접어든 한반도 산하에서
한민족만의 독특한 산 시제가 올려질 즈음
민족독립운동 세력들이 미국과 소련이라는
두 개의 구심력으로 인하여

더욱 선명하게 이데올로기가 깃발을 휘날렸다

조선공산당을 이정이 잡았고
여운형은 조선인민당을, 김성수는 한국민주당을,
이승만은 독립촉성회, 김구는 한국독립당을
이끌어가는 등 정치활동의 복잡한
양상이 전개되다가 훗날 소위 모스코바 3상 회의에서
한국에 대해 미 · 영 · 소 · 중 4개국이 신탁통치한다는
결정이 내려지는 부메랑을 안았다

3. 조선공산당 총비서 되다

한편 팔월 초여드레 광주에서 서울로 올라온 이정은
구월 열하룻날 조선공산당 총비서가 된다

이날 서열 1순위의 중앙위원이 된 이정을 비롯하여
길일성, 이주하, 박창빈, 이승엽, 강진 등 28명의
중앙위원이 선임되었고
을유년 시월에는 개성 근처의
소련군 38경비사령부 회의장에서 김일성과 회담하고
공산당 남조선분국의 남한을 염두에 둔
공산당 북조선분국 설치를 합의하였다

이틀 후엔 안국동에서 기자회견을 갖고
과도기 조선에 있어서의 공산당으로서
민족적 통일정권 수립의 방침 등을 제시하는 등
불과 며칠 전에 벽돌공장 노동자 이정은
그 지위나 역할과 위세가
완전히 딴사람으로 변하여 전국을 주무르고 있었다

4. 조선공산당 북조선분국을 설치하다

을유년 시월 스무사흗이었다
조선공산당 중앙위원회 총비서 자격으로 이정은
당 북조선분국 설립 승인서를 작성하여
각급 도당위원회 앞으로 발송했다

이것은 지난 시월 십일에 평양에서
조선공산당 서북 5도당 책임자 및 열성자대회가 열리고
이 대회에서 조선공산당 북조선분국이
정식으로 북한에 창설된 것을
서울 중앙당이 추인해준 형국이었다

그러나 이 일은 소비에트화를 위한
소련, 북한 측의 명확한 공작의 결과로
이날 이후 서울 중앙당이 서서히
분국에 복종하는 결과를 가져왔다

현재 북한을 통치하는 북한의 조선노동당이
노동당 창건일을 10월 10일로 잡고 있는 것은
바로 분국 설치에서 노동당이 시작되었음을
뜻하는 동시 내적으로 이것은
1920년대부터 이정이 써 온
국내 공산주의 운동사를 인정 않겠다는 처사였다

조선공산당 북조선분국 위원장은 김일성이었다
이것은 결국 삼백여 명으로 알려진
소련 내 김일성의 지도하 에 있던 항일군부대가
소련군의 절대적인 지지 하에
공산주의 집단을 확충시켜 남한에서
이정이 쥐고 있던 공산주의 주도권을 탈취하는
전혀 새로운 국면으로 바뀌게 되었다

주산업이 농업이었던 고향 신양도
일사리 통미모캥이의 경작에서 벗어나
면 중앙의 작은 평야지대 주변으로
감, 호두, 버섯, 은행, 밤 등을 새로 재배할 때였다

5. 하지 중장, 이승만, 아놀드 군정 장관과 회담하다

일본이 떠난 한국의 상황 타개를 위해
을유년 시월엔 반도호텔 하지 중장 숙소에서
이정은 친일파와 민족반역자들을 배제한
진보적 민주주의와 통일 민족국가 건설을 역설하며
이를 효율적으로 합일시키기 위하여
미국의 이해와 조선공산당의 노선 일치를 주장했다

이틀 뒤 시월 스무아흐레엔 이승만의 돈암장에서
친일파를 뺀 전 민족을 통일하자 회견했으나
친일파 숙청 문제, 조선인민공화국 존폐 문제 등에서
현저한 시각차를 드러낸 회견이었다

첫눈이 내리는 동짓달 열사흘엔
미군정 당국의 요청으로 아놀드 군정장관과 회담했다
이정의 영향력을 잘 알고 있는
아놀드는 미군정에 공산당의 협조를 요청했다

며칠 후엔 각각 하지 중장 및 이승만과
국가의 현안에 대해 두 번째 회담을 가졌다

특히 이승만과 가진 두 번째 회담에서
이승만은 임시정부를 지지하면서

만일 이정이 임시정부 아닌 다른 정부를 조직하면
이는 단지 투쟁만을 불러일으킬 뿐 아무런 성과도
거둘 수 없을 것임을 이정에게 경고했다

열이레엔 중화민국 특파원 증은파와 회견했고
스무날엔 뉴욕타임즈 존스톤 기자와 회견했으며
임정 요인 김구, 김규식, 이시영, 유동열 등이 환국한
스무사흘엔 소공동 근택빌딩에다
조선공산당 현판식을 갖고 당사에 첫 출근을 했다.

당사에서 이정은 내외신 기자회견을 가져
민족통일전선과 민주주의적 건국을 위한
요망사항을 대내외에 천명하는 등
민족통일전선을 위한 숨가쁜 행진이 계속됐다

그러나 바로 그 순간 중천의 해가 졌다
쨍쨍 빛을 발하던 태양이 지자
백두산이 순간 흔들렸고 태백산맥이 요동쳤다

말이 되는가 해방되던 해 동짓달 스무여드레 정오였다
AP통신으로 전해진 한국의 신탁통치에 관한
모스코바 3상 회의의 결정은 바로 그때
순수무후한 백의의 민족을 구렁텅이로 내몰고 있었다

6. 천둥소리

천지를 뒤흔드는 화산폭발이
하룻밤 채 안되어
삼천리금수강산을 잿더미로 만들었다

하룻밤이 채 안되어
삼백 밀리미터의 폭우가 겹쳐

험한 날을 마치고 안식에 들어간
수천수만 기의 묘지를 휩쓸어 갔다
뼛조각들은 서걱거리며
식은 몸 마른 갈대꽃 가을을 빗고
정착 못한 화산재가
지층을 떠돌다
바위 산 갈라놓으며 짓쳐들어온
금강산 돌부리에 채이며 따먹혀

푸르름 없는 주검 속에
살맛난다 조각난 나도 없는데
덜컹덜컹 지층 깨며
우르릉 쾅쾅 황홀한 수덕사의 다비茶毘 소리

7. 이정, 신탁통치 결정을 지지하다

모스크바 3상 회의 결정은
조선의 정세와 민족문제 등을 바로 보지 못한 것이다

그렇게 신탁통치 반대의사를 밝혔던 이정은
즉시 평양으로 가서 김일성에게
조선공산당 내부의 반탁 입장을 설명한다

연이어 연안파 공산주의자들을 만나고
당시 고려호텔에 있던 조만식 선생과 만나
조국 통일전선에서의 협력체계를 논의한다

이날 오후에 다시 김일성을 만나
서울 중앙이 왜 반탁 조치를 내렸나에 대해 설명했다

다음날 평양에서 소련군 민정사령관인
로마넨코와 회견하면서도 반탁의 입장을 설명했다
이때 로마넨코는 절충안으로 5년간 후견제를 말하며
이정의 반탁의지를 누그러뜨린다

이어 익년 정월 초이튿날 서울로 귀환했다
즉, 이때까지는 반탁이었는데 어찌된 일인가
이날 오후 서울에 전단형식으로 돌린 문건에서

이정은 찬탁으로 돌변했다

이정을 지지하던 이들에게는 분노였다
정확히 이때부터 이정은 지지를 잃고
이때부터 서울 중앙당은 점차 유명무실해져 갔다
이때부터 강력한 '성장동력'을 상실하여
북조선분국이 사실상의 주도권을 획득하기 시작했다

이것은 한국근대사는 물론 이정에도
매우 중요하고 심각한 사태의 반전이기도 했으나
이를 대체할 그 무엇도 취해지지 않았다

분노한 민중들이 허기진 배를 움켜쥔 채
뿔뿔이 흩어진 광장마다 눈이 내리고
이른 밤에 뜬 금성은 자정을 지나고 있을 때였다

8. 민주주의 민족전선 결성대회

조선공산당 당수 이정이 찬탁으로 돌아서자
한민당을 비롯하여 40여 단체들이 회동하여
박헌영 규탄, 공산당 배격을 결의했다

이승만이 주도하는 대한독촉 군산시지부 등은
이정과 여운형의 투옥을 제안했고 더러는
생명을 위협하는 협박편지를 발송했다

그런 와중에 시인 임화는 정해년 이월호 〈신천지〉에서
'인물소묘, 박헌영'을 썼는데 이 글에 이르길
"이정이 조선 민족 속에서 점하는 비중은
소련에서 스탈린이 점하는 것과 동일하다"고 썼다

한편, 해방일보는 이정의 충실한 메신저였다
정해년(1946년) 이월 십오일자 해방일보엔 이날
종로 YMCA 강당에서 열린 민주주의민족전선결성대회의
이정의 연설문, '민주주의적 실천만이 완전한 독립의 최첩경'이 실렸다 이 집회는 해방 후 첫 공개집회였고

이정은 이 대회에서 여운형, 허헌, 김원봉, 백남운과
의장단의 일원으로 선임되었으나
날이 갈수록 암살 및 테러 위협이 그치질 않았다
먼 하늘에선 폭설이 몰려오는 이월이었다

9. 오래된 연모

아무런 일도 없다는 듯
반도의 산하에 벌써 봄버들이 꽃술을 터트렸다

겨우내 얼어붙었던 계곡물도
꽃술에 그만 제 뼈를 녹여 새벽이면
붉게 치솟는 동녘의 적운을 태워
붉고 붉은 구름이 독 덩어리를 내뱉는다

이슬 머금은 꽃 이파리는 찢겨진다
요란한 윤전기 소리와
마이크 소리에 떨어지면서 꽃잎은
끝내 만신창이의 상처로 정신을 잃는다

너를 사랑했다 그래도
단 하나 죽도록 너를 사랑했다
독이 전신을 파먹어도
독 덩어리가 심장을 녹여 저녁노을 타올라도

꽃술 그 이전 그 이전부터 너만 보며
너만 보며 나는 꽃술을 열었다

10. 서울중앙 라디오방송을 통해 논설하다

제목은 '조선임시정부 수립에 대하여'였다
미소공동위원회와 협력하여
임시 민주주의 정부수립에 노력하겠다고 밝히면서
민중의 지지를 호소하는 방송으로
이주하가 이정 대신 출연하여 대독했다
해방일보는 2회에 걸쳐 이 연설문을 게재했다

냇가의 버드나무가 하얗게 몸을 풀고
진달래 만발한 산기슭은 서서히 미쳐가
봄비 홍건히 젖은 나무의 새순마다
신양의 녹문리, 황계리 비좁은 도로 옆에
은밀히 사타구니를 내놓으려는 참이었다

연설 익일인 삼월 열사흘엔 여운형과 회견했다
미소공동위원회에 있어서의 여운형의 인민당과
이정의 공산당의 연대모색이 주제였다

여운형과 이정은 서로를 존중하는 관계였고
훗날 합당논의까지 이르게 되는데
중절모자에 흰 두루마기 차림의 이정은 다시
이 달 스무날에 친일 반민족주의자 제거를 주장하는
"미소공동위원회에 대하여 우리는 이렇게 기대한다"는

조선공산당중앙위원회 이름의 성명서를 발표한다

찬탁으로 돌아선 이정을 향한 비난은 이정이
이날 미소공동위원회가 처음으로 개막된 후인 스무이틀 밤
"미소공동위원회에 제안하는 임시정부 수립원칙"을
해방일보, 자유신문, 조선인민보, 서울신문 등에
발표하자 일시 잠잠해졌다

여기에서 이정은 첫째 둘째 셋째도 정부수립이요
정부는 반드시 민주주의적 원칙 위에 수립되어야 함을 갈파했다

이에 관해 스무여드렛날 여운형을 만나
조국의 정부수립에 있어서의 공동 관심사를 논하고
말일엔 조선공산당이 일제시대 이래
조선독립과 토지문제 해결을 위해 싸웠고
지금도 조선의 민주주의적 발전을 위해 분투하고 있음에도
이승만은 조선공산주의자들이 조선에서
공산주의를 실현하려 한다고 모략선전을 해대므로
소위 "이승만 씨의 데마를 폭로한다"는 글을
단호하게 해방일보에 게재한다

단 하루의 휴식 없이 진행되는 격무 가운데
이정은 때로 소련에 두고 온 딸아이를 생각했다

무려 15년 전 일이다. 그때의 일을 떠올리면
찢어지는 가슴을 본다, 어느 시대 누구건 간에 샘솟는

혈육에의 정이 있는 것이라면 이정의
가슴에 있는 딸아이가 물큰 빗장을 열었을까

사월 서울 명동성당에서 열린 제2회 신문기자 대회에
"정의의 붓을 들라"라는 제하의 축사를 보내고
거푸 여운형과 회견을 한 후 이정은
드디어 소련에 거주하는 딸아이의 생존소식을 접했다

주르륵 눈물이 쏟아짐을 어찌 막으랴
눈물 그대로 이정은 집무실에서 펜을 잡았다

11. 나의 딸에게 사진을 보낸다

사랑하는 내 딸아 먼 조선에서 네게 안부 전한다
내 딸이 살아서 성년이 되었다는 것이
믿기지 않는구나, 세 살배기인 너를
보육원에 남겨두고 떠난 지 벌써 15년이 흘렀구나
……………
이정은 그렇게 편지를 써내려갔다
15년 전이란 1932년 1월을 말한다
생후 삼 개월 된 어린 딸을 국제혁명가구원회인 모쁘르,
산하 보육원에 맡긴 채 그 뒤로 이별이었다

딸을 생각하며 이정은 집무실에서 포즈를 취했다
사진사는 이리저리 렌즈를 맞춰 본다

안경을 쓰고 조끼에 양복을 갖춰 입은 이정의
책상 위에는 꽃병과 서류 두어 장이 놓여 있는
사진을 찍어 보냈다, 뒷면에 러시아어로
"내 딸에게 사진 보낸다
1946년 4월 24일 서울에서 네 아버지 박헌영"
이라고 친필로 써서 보내면서,

그래, 너를 만나면 꼭 껴안고
신양 네 할머니 치맛자락 펄럭이던

신양천 그 개울가로 가서
네 손잡고 그 희뿌연한 운무 사이를
유년의 하천리 용난샘도 구경시키고
꿈속처럼 아련히 걸어 보겠다

비밀리에 편지를 보내고 나서도 이정은
부정에 이끌려 혼잣말을 쏟아냈다

그러자 딸과 헤어지고 난 후 모든 기간을
지하와 감옥에서 보낸 이정 일가는 신양천에
빠져 흐르는 저녁놀빛 받아
고즈넉한 저녁 강으로 흐르고 있었다

12. 소련영사관과 이정의 관계

해방 후 팔월 열여드렛날 소련영사관을 찾아
소련영사관 부영사 샤부신과 회담을 가졌다.

이정의 세 차례 십여 년 동안의 감옥생활 등
굽힐 줄 모르는 투쟁경력과
뛰어난 마르크스, 레닌주의 이론을 높이 평가했다

이후 서울 정동에 주재하고 있던 영사관은
이정이 수시로 출입하는 것은 물론
병무년 정월 마지막 주까지 소련영사관 내에서
거주하는 등 소련영사관과의 관계는 특히 밀접했다
미소공동위원회에서 소련 측의
우익 반탁 세력을 배제하자는 주장에
미국 측이 수용을 않고 대립을 거듭하던
오월 육일 드디어 미소공위는 유회된다

이때 소련 측은 소련영사관을 폐쇄하고
전 직원들을 철수시켰는데
언뜻 돌을 뚫고 분출하는 고향 신양의
귀곡리 돌샘이 연상되었으나 현실은 상이하였고
이것은 이정에게 뼈아픈 손실이었다

13. 미소공동위원회 결렬과 소련영사관의 철수

"미소공동위원회의 사업을 방해하는 자 누구인가?
3상 결정을 반탁의 구실로써 반대하고
연합국 원조 하에서 민주주의 기초 위에서 결성되는
조선독립을 싫어하는 자 누구인가
그것은 친일파 친파쇼들이며 그들의 이익을
대변하는 우익반동 거두들이다."

병무년(1946. 5. 8), 미소공동위원회가 결렬되자
이에 격분한 이정은 위와 같이 단호한 논지로
민주정부 조직을 방해하는 반도 거두들을 배제하자는 논설을
오월 십이일, 해방일보와 조선인민보에 발표한다

연이어 민전의장단의 공동명의로
미소공위 재개를 촉구하는 성명서를 발표하는 등
결렬된 미소위원회에 집착을 가질 때
이승만은 정읍에서
남한 단독정부 수립을 주장하자 신문들이 대서특필했다

단독정부 수립을 지지하는 함성이 뜨자
이정은 즉시 그 진위를 알아보고 있을 때
신양 여래미 마을 숫골 방죽 아래
작약은 그 붉은 꽃봉오리를 터트렸다

14. 몽정

한낮에 날개 찢겨진 나비 떼가
굴형을 메운 찔레꽃에 내려앉았다
비탈진 산하의 허기를 채우던 꽃 이파리들이
주검의 건너편 언덕에서
우울한 꽃화관을 쓴 채 올라와
찢긴 날개 끝으로 원을 돌다 곤두박였다
분노가 유일한 동경이었던 굴형엔
흰 두레방석이 펼쳐지고
물 초롱 시신들이 떠올랐다
강제로 허리 잘린 슬픈 조선낫이
단지 반 토막으로 하릴없이
억압과 강요의 속박을 짐 지운 한낮에
밑둥치에 날선 낫날을 들이대자
신양의 서계양리 언덕 아래
찔레꽃들은 놀라 일제히 몽정을 했다

15. 이정이 미소공동위원회에 거는 기대

"국내 국제 정세를 냉철하게 볼 때
우리는 3상회의 결정이 조선의 자주독립을 완수케 하는
현실적 과정이며 따라서 이 결정의 제일보로써
민주주의 임시정부 수립을 원조하려던
미소공동위원회의 성공적 진전만이
조선 문제 해결의 서광임을 인정하면서…
우리는 미소공동위원회의 재개를 염원한다"

오월 열닷샛날 민전의장단의 성명서는
이정의 평소 주장이 그대로 실린 것이며
이틀 후인 열이렛날 염원대로
미·소위가 재개됐으나 의견 차이를 좁힐 수 없었다

반탁 학생들의 시위가 계속되었고
미소공위에 의한 정부는 괴뢰정부라고 규탄하여
시월 십팔일 미소공위는 무기한 휴회에 들어갔다
그 후 한국전쟁 발발 시까지 재개되지 않아
툇마루 아래 새끼 친 어미 누렁인 쥐약을 먹었고
이정은 신양 일사리 샘댄논을 갈망하였으나
역사는 결국 이정의 외침을 외면하기 시작했다

16. 이승만, 정읍에서 남한 단독정부 수립을 천명하다

현실적으로 38선 이북에서의
급속한 소비에트화 진행으로 인하여
김일성의 지위가 탄탄해지고
사실상 권력기반이 공고해진 상황에서의
남북한을 아우르는 명실상부한
임시민주정부 수립이란 요원한 일 아닌가

당시 지방 유세 중에 있던 이승만은
병무년(1946) 사월에 전북 정읍에서 단독정부 수립을 말하고
귀경 즉시 72개 단체를 통합한다
독립촉성중앙협의회는 그렇게 결성되고
자신은 총재로, 김구를 부총재로 앉힌다

그 뒤 일 년 후인 정해년(1947년) 구월에
미국을 방문하고 와서 이승만은
공산주의와의 합작을 단념했고
남한 과도정부를 수립해야 한다고 역설
결국 향후 정국은 이승만의 주장대로 돌아가지만
이정은 공산당을 정점으로 한
통일 민주정부수립에 골몰했으나 여의치 않았고
산벚꽃은 신양 만산을 물들이고 있었다.

17. 조선공산당과 북조선분국과의 비등점

계속하여 같은 달 조선공산당 총비서 자격으로
정례 기자회견을 하고 시국에 관한 견해를 발표하는 한편
"자주독립 완성을 위하여" 등등의 기고문을 내는 등
매일매일 굵직한 이슈를 쏟아내면서도

조선공산당 당수 이정의 실제 상황은
신양의 여래미마을 붕어바위 같아서
단지 바위일 뿐 실제 살아 움직이는
확고한 대중적 지지기반 구축이라든가
실질적인 통제나 정국 장악력이 미약했다는 점에서
김일성이 완벽하게 장악하고 있는
조선공산당 북조선분국과는 현격한 대조를 이룬다

이정이 남한에서 회합을 갖고
여기저기에 기고문을 싣고 여러 사람을 만나는 동안
북한 김일성은 소련군 진주 직후부터
각급 행정단위에 인민위원회를 조직한다

북한은 소비에트 정권의 기본 구조를
소련군대의 탄탄한 무력적 보장 밑에서 일사천리로
조직하여 1946년 2월에 북조선 임시인민위원회를 결성
실질적인 정권을 탄생시키고

남한에서 이정이 미소공동위원회 재개를
밤낮없이 부르짖고 있을 때인 오월에는 이른바
민주개혁이라는 미명하에 토지개혁을 착수,
불과 일 개월 만에 토지개혁을 끝냈을 뿐더러
이정이 해방 일주년 기념 담화를 발표한
바로 그 시각 토지개혁에 연이어
이미 주요 산업의 국유화가 시작됐다
공업 분야도 인민위원회 통제 밑에 들어가 이로써
북조선공산당은 군·정의 장악에 이어
경제적 기반의 장악 및 확충으로 북한 인민을 통치하는
실질적인 세력으로 확고히 자리매김했다

하지 중장의 미 군정청이나 우익 인사들이
포진하고 있어 애초 김일성의 북조선분국과는
상이한 면이 있긴 해도
남한에서의 이정은 주로 성명을 발표하거나
하지 장군을 비난하면서 미군정의 경제정책이
반인민적이며 식민지적이었다고 거푸 비난하는 등에 치중,
실질적 힘이 되는 여타 기반의 구축 없이
사상과 이념의 전술 전환에 경도되어 있을 때였다
여기서 이미 이정의 신념과 행로가
봉합될 수 없는 미소위처럼 결별하고 있었고
신양 대덕리 은 삼백량 밭 가치도 없다는 듯
냉엄한 얼굴의 역사는 일시 불을 껐다

18. 정전

등 기댄 소나무의
어둠에 서서 어둠을 보면 어둠이 친근하다
형체나 흔적 없이
단지 어둠을 이유로 하여
얼마나 많은 어둠이 스러졌는가

천만 개의 눈을 가진 별들이
어둠의 지근거리에서
하늘 멀리 모닥불 피우다
돌연 먹장구름에 이우는데

예고 없는 정전이었다
나의 형체마저 어둠에 묻혀 사라진

신양 서계양리 복사나무골의
복사꽃 맥없이 진
별도 없는 밤의 정전이었다

19. 체포령에 즈음하여

믿어지지 않는다
몸, 쉴 새 없이 몸이 떨리고
혼 빠져 나가는
금단현상이 일어나다니

타는 속살이
빨갛다 아니 백옥처럼 희다
꿈도 꾸지 못할 전율 일어
백태 낀 눈으로
게거품 물고 자리에 넘어진다

몽롱해라 누워 있어도
까닭 없이 불안하고 진정이 안 된다
구월 초엿새 밤은
필생의 염원으로
네 속에 내가 있는데
익기도 전에 몸 터트리는가

칠월 석류를 쪼개어
싱숭생숭 내 영혼 쪼개는가
생명의 조국에서 돌연
체포령이 천지를 삼켰다.

20. 검거 선풍이 불다

미군정 경찰에 의해 박헌영 등 공산당 지도자의
체포령이 발령된 병무년(1946) 구월 육일 밤에
경기도 경찰부는 특별수사대를 편성하여
익일 이른 아침부터 엄중한 경계망을 펼친다

지나가는 택시와 인력거는 물론
일반 가정집까지도 철저히 수색하는 등
이정 검거에 혈안이 됐으나 어찌된 일인지
이주하의 체포에도 불구하고
이정과 이강국의 행방은 찾을 길이 없었다

십일일에는 서울 시내의 모든 경찰서장들과
수사주임을 소집하여 두 시간 동안 비밀회의를 열어
수사상황을 점검하고 수사망을 강화했다
변장의 명수 이정은 이때
공산당원 이노희 별채에 몸을 피해 있다가
검은 칠을 한 관棺을 구입하여
몸을 조여 관 속에 몸을 뉘었다

청년 시절 상해에서도 이렇게 누워 있었다
첫사랑 그녀의 무릎이 베개였다
그때 온 세상은 환희로 출렁거리고

막연하면서 단단한 희망이 또아리를 틀었다
몸을 관 속에 눕혀 베개는 없지만
문득 이정의 눈가엔 물안개가 어렸다

이로써 일제 치하에서 십여 년의 투옥과 수 년의
도피생활을 하다 해방 후 조선에서
조선공산당 총비서로 맹활약하던 이정의
남한에서의 뛰어난 활동상과 분투로 일관되었던
생애의 한 페이지가 접어지고
가을을 알리는 가을비가 덕수궁을 감았다.

21. 불면증

내가 잠드는 침상에 독거미가 누워 있다
사람의 형상과 똑 같은 모습으로
아리따운 몸매로 교태까지 부리며
누워 있는 독거미 있다 혹독한 시련이란 실상
침상의 상실 아니겠느냐
평소 내 침상이 외출을 하고 외박을 한다
숨가쁜 부나방의 유희가 계속되고
한번 잠들면 잠 속에 익사할 듯한데
독침을 내 심장에 꽂으며
내가 잠드는 침상에 독거미 있다
온밤 뒤척이며 몽롱한 시야에 닫힌 주검 있다

22. 스티코프 비망록

스티코프 소련군 대장은 그의 비망록에서
이정이 서울을 출발한 것은 구월 스무아흐렛날이라 한다
이정의 검거 선풍은 날이 갈수록 드세지고
서울의 정치적 관심이 사회 노동당 결성에 집중되어 있을 때
한 떼의 농민들이 두렁콩을 수확하고 있는 소로를 지나
한 대의 영구차가 서울을 벗어나고 있었다
한 평 반 남짓한 영구차 뒤에는
상복 차림의 조민영, 이원익, 노대풍, 황철규, 이순녀 등
남녀 당원이 따랐고 관 속에는 이정이 있었다

경찰의 검문을 피해 이정이
비서 격인 경기도당 서득인과 함께 평양에 도착한 것은
시월 육일이었고 젊은 김일성은 직접
독립투사에다 조선공산당의 수령인
박헌영을 대동강 상류의 다리가 있는
강동교까지 나와 정중히 영접했다

서울 일원엔 "박헌영에 대한 체포령을 취소하라."며
"우리의 애국적 지도자 박헌영을 체포하려 한다
그들은 미쳤다"는 등의 전단이 살포됐으나
체포령이 철회될 수는 없는 노릇이었다

23. 이정의 선영에서는

산 위쪽에서부터 서서히
붉은 잎새를 거느리고 오는 산비둘기 떼여
뼈만 남은 내 육신을 일으켜라
둥그런 달덩이를 가슴에 품고
신양천 긴 울음을 가슴에 품고
태어난 내 핏줄 길 나도 동행하련다
저가 누우면 나도 따라 눕고
저가 울면 나도 따라 울며
내 핏줄 가는 길을 나도 따라 가련다
다소 화장도 하고
산 단풍에 머리도 빗고
가는 길이 어디든 나는 좇아가련다
산 위쪽에서부터 물들이며
붉은 잎새 몰고 오는 산비둘기 떼여
영혼만 남은 나를 일으켜 달라
일사리 건너골 단숨에 너머
때는 가을, 예산 선영 이 어미가 날아갈 테니

제3장

좌판에 뜬 달

폭죽을 터트리며 탱고 춤을 추던
환영 인파 중에 도끼로 옆 사람의 가슴을 찍는
취객이 있다 피를 본 남자는
옆에 서 있는 부인을 내려찍었다
부인과 동행한 친구 셋도 내리찍었다
그들은 즉사했다
환영회장은 난장판이 되었고
경찰이 긴급 출동했으나 누구를 범인으로 지목할 수 없다
다 피범벅으로 귀신같았기 때문이다
불빛이 춤추고 도끼들이
총알처럼 사람들을 쓰러뜨렸다.
경찰은 기관단총을 발사하기 시작했다
경찰은 총알만이 유일한 해결책이고
이것은 지극히 정당하다고 믿었다
그러거나 말거나 문밖에 쪼그리고 앉아
주름투성이 할머니가 펴놓은
좌판은 무사했다 좌판에 놓인
알 굵은 옥수수와 햇고구마에 이제 막
모습을 드러낸 보름달이 갈 단풍 사이 떠올랐다
주섬주섬 신양 할머니가 귀갓길을
챙길 때 회당엔 다시 정적이 자릴 잡았다

1. 평양에 대남사업 중앙연락소를 설치하다

평양에서 이정에게 제공된 사택 옆 사무실은
나중에 대남 연락을 관장한 중앙연락소가 됐다

이정의 활동을 돕기 위해 제공된 출판사와
양양, 연천 등지의 남북교역 상사, 재정을 조달하기 위한
광산 및 기업소의 일들을 처리했으나
정작 중요시 했던 일은 공산의 사상적, 이론적 무장화를
꾀하는 일이었다 이북에 와 시월에 첫 번째로
"민주독립을 위한 투쟁의 남조선의 현 단계와 우리의 임무"
를 발표하는 등
미군정 및 우익에 대한 대중투쟁의 필요성을 강조하여
시월 십오일엔 북로당 지도부와 회동하여
남한의 시월 항쟁과 3당 합당 등에 대해 협의한다

이전부터 김일성은 이정을 일러
어떤 사람보다 더 완강하게 일본제국주의자들과 투쟁했고
정치가들 중에서 가장 두드러진 인물이라 말했는데
최창익, 박일우, 주영하, 김책 등이 이정을 비판한 반면
김일성은 이날 회의에서도 이정을 지지했으나 대체로
월북 후 이정의 활동 역시 성명서 등에 치중했다
대남사업연락소는 후에 해주연락소가 만들어지기도 하나
이정에 의해 최초 대남사업연락소가 설치됐다

2. 해방 후 북한의 정치 그룹

해방 후 춘하추동의 사계절처럼 네 개의 세력권이
북한에서 서로 권력을 쥐기 위해 발버둥쳤다

그 첫째는 고향이 북한인 국내 공산주의자들로서
평양에 조선공산당 북조선분국을 조직한 그룹이다
이들은 해방 후 서울에 재건된 조선공산당의
정통성을 인정하고 이정을 추종했는데 핵심 인물로는
함경도의 오기섭, 정달헌, 최용달, 이순근 등이다
그 주류가 남반부에 있어 활동에 불편함이 있었으나
수적으로 가장 우월했고 1925년부터 시작된
조선공산주의 운동의 전통을 이어받은 그룹으로서
공산주의 정통성과 조직에 있어 강력한 세를 형성하고 있었다

그 둘째는 흔히 연안파로 불리는 그룹이다
이들은 연안의 중국공산당과 연계를 갖고
중국 태행산太行山을 본거지로 조선독립운동을 했다
연안파는 조선에 잘 알려진 독립운동단체였다
중국공산당과의 관계도 유지하고 있었으나
당시 중국공산당이 내전 중에 있었으므로
중국으로부터 어떤 도움도 받지 못했다 이들은 해방 후
북한에 신민당을 조직하면서 서울에도 지부를 두어

그들의 힘을 분산시켰는데 지도자 김두봉 외에
조선의용군 총사령관 김원봉과 무정, 박일우, 최창익 등이
이 그룹 핵심인물이다

셋째는 소련군이 북한을 점령할 때 함께 온 소련파다
이들은 북한에 아무런 연고도 없었으나
함께 온 소련군의 막강한 지지를 받았던 반면에
소련군정이 제시하는 일들 즉, 선전 선동 및 정보계통에
종사하면서 북한의 공산화에 전력하였다
소련군정의 뜻에 따라 계열이 다른 김일성을
지도자로 받들지 않을 수 없었던 이들의 주요 인사는
지도자 허가이, 방학세, 박창옥, 한일무, 김열, 남일 등이다
이들은 모두 러시아어를 할 줄 알았고
소련군과 긴밀한 유대를 맺고 있어
결코 무시할 수 없는 존재들이었다

넷째는 김일성과 그의 빨찌산 그룹이다
이 그룹은 동북항일연군 출신의 조선인들로서
비록 그 숫자는 삼백여 명이었으나 이들은 모두
항일전을 치룬 무장투쟁경력의 소유자들이었다
당시 김일성은 조선의 독립운동가로 명망 높은
김구나 이승만에 비할 수 없는 낯선 인물이었다

해방 전에 상해나 중경에서 활동했던
조선임시정부와 조선광복군, 또는 연안에서
중국공산당과 함께 일제와 싸웠던 조선의용군과
전혀 관련이 없을 뿐만 아니라 극렬한 탄압을 받으며

조선에서 지하운동을 벌인 국내 공산주의자들과도
연관이 없어 민족주의 계열의 독립운동가는 물론
공산주의자들에게도 낯선 인물로서
김일성은 국내 기반이 거의 없다시피 했다.

김일성과 빨찌산 그룹은 그러한 조건 하에서 정치투쟁과
건국사업을 완수해야 하는 입장이었고
소련 군정은 사면초가의 김일성을 적극 도와
북조선인민위원회 위원장 등의 직책을 부여하여
결국 북한의 실세로 성장케 하는데 원동력이 되었다
이런 와중에서 이정은 소련과의 관계 정립에
다소 등한시하였고 그의 주된 원인은
미소공위 등 국제적 협력을 통한 통일 민주정부수립 내지
인민봉기를 통한 정부수립에 치중한 결과였으나
어쨌건 상호 협력 및 대립의 각을 세운 세력들이
날카롭고 부드럽게 상존하고 있었다

3. 남조선노동당 부위원장에 선임되다

월북 이후 초기 이정의 북한 내 활동은
조국의 민주정부 수립이란 대원칙 아래 거침없었다
특히 마르크스, 레닌의 이론적 무장과 조직운동에 있어
김일성은 도저히 이정의 적수가 못 되었다
소련의 스탈린은 이정에게 최고급 승용차를 선물했고
병무년 초에 스타코프 대장으로부터 영수한
한화 1550만원이란 거금 외에도
월북 후에도 소련군으로부터 남조선혁명자금으로
엔화 39만 엔과 122만 루블의 자금을 받는 등
외견상 이정은 그 자체로 이미 하나의 정부였다
이 해 동짓달에 조선공산당, 조선인민당, 남조선신민당 등
3당이 합당하여 남한에서는
남조선노동당 결성대회가 열렸다

하지 중장이 보낸 법펠로 소좌의 축하를 받은
북한에 있는 이정이 사실상 남로당
최고지도자로 활동하였으나 당시
남한 국민들은 이정의 월북 사실을 모르고 있었다

4. 지금 총선거가 실시되면 박헌영이 대통령에 당선될 수 있다

정해년(1947. 3. 21)에 작성된 극비 미군정보문서엔
지금 만일 총선거가 실시되면
공산당지도자 박헌영이 대통령에 당선될 가능성이 있다
분명 그렇게 정보문서가 올라온 것이다

하지 입에서 뱀이 나왔다
설명이 안 되는 현상이었다
수백 수천 마리의 뱀이 나와
젖무덤을 핥으며 피어난 신록을 껴안는다

붉은 혀를 숨긴 뱀이
바지개만한 입을 쫙 벌리고 비호처럼
달려드는 것을 목격하였다
천둥소리의 말을 들은 적 있는가
하지는 그때 똑똑히 보고 들었다

알겠는가 내 것이다 내가
있을 때나 없을 때나 막론하고 네 꿈은
내 품속에 있는 것이다
하지는 섬뜩하여 이정의 체포령 철회를
요구해 온 문서철들을 뒤지다 혼절했다

5. 조선임시정부 수립의 열망을 더해가다

이정은 믿었다 미소공동위원회를 재개하여
하루속히 조선임시정부를 수립해야 하며
반드시 그 길이 이뤄질 수 있다고 믿었다

그에게는 헌신적인 남로당원들의 충성이 있고
훗날 고백하는 대로 약 이십여만 명의 지지세력이 있어
그들을 고무하고 의식을 고취시켜 나가는 동시
미소공위의 재개를 통한 국제사회의 협력을 얻는다면
정부수립이란 최상의 목표가 달성된다고 믿었다

월북한 후에 이정의 초인적인 활동 중에는
“좌우합작 7원칙 비판”을 독립신보에 낸 것이며
곧 이어 “10월 인민항쟁”을 집필한 것,
정해년 이월엔 이정의 역사의식을 살필 수 있는 기록인
“3.1운동의 의의와 그 교훈”을 집필했고
사월엔 “동학 농민란과 그 교훈”을 집필한 것
유월에 남로당 기관지 〈노력인민〉 창간호에
“창간에 즈음하여 자기 사명에 충실할 터”를 쓴 것과
발표된 무수한 성명서를 포함하여
이외에도 수시로 스티코프 정치 사령관 및
김일성을 만나 현안을 회담하는 등의 행적들은
이정의 강력한 임정 수립의지를 살필 수 있는 대목들이다

6. 당대의 시인들이 이정을 제재로 다음과 같은 시들을 쓰다

시인 오장환 〈시적 영감의 원천인 벅헌영 선생〉을 발표하다

'박현영 선생은 감옥과 지하에서 오직 한 사람 민족해방을 위한 투쟁을 지도하여 전 반생을 바치시었다. 우리의 노래는 무엇 때문에 울고, 나의 노래는 또한 누구를 위하여 울었느냐? 이러한 이를 기다려 울었고, 이러한 이를 사모하여 울은 것이 아니야? 8월 15일이 지난 뒤 박헌영 선생은 우리 앞에 나타나시었고, 우리의 노래의 주인공 우리의 시의 원천은 땅 위에 그 자태를 내놓으신 것이다 …… 우리들은 싸움의 노래를 부르고, 민족의 원수를 물리치고 우리 민족의 자유를 실현하기 위한 싸움에 시적 영감의 중심이 옮겨 갔고, 그 싸움의 최대한 수령 박헌영 선생은 어느 때 어느 곳에서나 시적 영감의 원천이었다.'

시인 임화 〈박헌형 선생이시여, 노력인민이 나옵니다〉를 발표하다

'모든 사람이 당신이고 모든 사람이 당신이 아닌
신록新綠 푸른 서울 거리에
우리는 바람 길마다 당신의 모습을 느낍니다
밤새 나린 단비가 모래알마다 맑게 씻은
하늘 높은 남조선 땅에 우리는 숨길마다 당신의 음반音盤을 호흡합니다.
노력인민은 당신의 모습 노력인민은 당신의 음반의 어지러운 남조선 하늘에

우리는 갈파마다 조국의 소리를 듣습니다. (1947.6.19.)'

시인 이수형 〈박헌영 선생이 오시어〉를 발표한다

'………
광주 벽돌공장 벽돌 속에서
아 - 우리네 그리워 부르다가 쓰러질
이름이여 모습이여 '박헌영' 선생이 오셨다
목만 쳐들고 아우성만 치는
눈물이 먼저 솟아나는 인민들
당신이 가장 사랑하시는 뜯기고 억눌린
사람들 가슴 옆에 당신은 오셨다
당신은 벌써 우리 아우성 소리의 숨결이며
눈물이며 피여서
아니 당신의 조선의 흙이요 바람이리라
………'

시인 한진식 〈박헌영 선생이시여…〉를 발표하다

'박헌영 선생이시여 당신의 이름을 들으면
내 입으로 당신의 이름을 부르면
내 피는 이러한 빨러집니다

일제의 악몽에서 가까스로 깨어나
미처 제 몸의 위치조차 깨달을 새 없을 적에
국제민주주의 내걸고 3상 결정의 큰 길을
가르쳐 주신 선생이여

유령의 집 지극한 관념론과 방종의 허울 좋은
자유주의의 구렁에서 건져 주실 선생이시여

시인 김광현 〈박헌영 선생을 모셔 와야 한다〉를 발표하다

'기미년 3.1운동의
지극한 애국자 박헌영 선생
그렇다 그때부터
박헌영 선생에게 체포령이 내려 있었다
………
이 그릇된 체포령을 곧 취소하라
삼천리 방방곡곡 골목마다에
인민은 아우성쳐
아무리 원수만 복 받는 세상일지라도
썩은 피 속에 들었기에 권력조차 겁에 질렸다

아무런 폭력에도 항거하야 일어서는
정의는 반드시 이긴다
그렇다 인민이 바라는 새 나라 세우려면
체포령은 원수에게 돌려보내고
박헌영 선생을 모셔 와야 한다'

7. 여운형 암살되다

중국 국민당에 가입하여(1924년)
한중상호협조를 위한 남방혁명군을 위하여 일했고
일본에서 3년간 복역한 전력이 있는 몽양 여운형은 늘
한국 근대사의 중앙을 차지한 인물이었다
갑신년 구월에 일제의 패망을 예견하고
조선건국동맹의 지하조직을 전국적으로 조직하였다
광복 후에는 조선건국준비위원회를 조직하여 위원장에,
구월에는 조선인민공화국을 선포하여 부주석에 취임하였고
시월에는 인민당을 결성하여 당수직에 앉았다
이정으로부터 열렬한 칭송을 받은 몽양은 그러나
중간노선을 택하여 우익과 공산당의 배척을 받다가
북한공산당, 남조선신민당과 남조선노동당이 결성되자
이에 맞서 사회노동당을 만들었으나
좌우익진영의 공격을 받아 큰 활동을 못했다
밖으로는 영국 노동당 좌파의 노선을 모색하였고
안으로는 좌우 중간노선을 도모하였으나
이러한 노선은 이승만과 이정 계에 몰려 현실적으로
정치적 입장을 강화시켜주기 어려웠다
결국 무더위가 기승을 부리던 1947년 7월 19일 날,
서울 혜화동 로터리에서 19살의 소년으로부터
권총사격을 받아 절명하는 비운을 겪었다
이 일은 이정의 운신 폭을 좁히는 한 요인이 되기도 했다

8. 미소공동위원회가 최종 결렬되다

물거품이었다, 동시에 충격이었다
국제민주주의를 내걸고 미소 강대국의 협조 아래
자유민주정부 수립을 실현코자 했던 이정에게
정해년 구월의 미소공위의 결렬은 충격이었다
북한에서 잠 못 들고 이정은 며칠 밤을 뒤척였다

북한도 이 날 이후 기존의 보안대를 강화, 확대시켜
무자년 이월, 이것을 정식으로 조선인민군으로 선포,
북한 정권의 무력기반을 공식화 했는데
이 자리에서 김일성 연설의 한 대목은 다음과 같다

"자기의 군대를 준비함으로써 통일적인
자주독립국가 건설을 촉진시킬 중대한 민족적 과업 때문에
조선인민군이 창설됐다"고 말한다

훗날 이 군대에 의해 한반도가 전쟁에 휘말리게 된다
또한 북한 전역에 영향력을 행사하는
강력한 무력기반을 조성한 김일성은 명실상부
북한군 내 최고실력자의 위치를 점하는 동시 인민군의 보유로
일 국 이 국가 체계는 고착되기 시작했다

9. 남한 단독정부 수립 반대투쟁 전개하다

민주통일자주정부 수립은 이정의 꿈이었다
일제와 싸워 온 것은 오로지 그것 때문이었다
미소공위가 무기 휴회에 들어가고
미소 냉전체제가 정착되어 가자 이정은
미국을 조선 인민의 적으로 간주하게 된다

미군의 주군이 영구분단을 획책하는 것이며
UN 감시 하의 남한 단독정부 수립은 저지해야 하며
이 과제는 인민 항쟁의 도래를 통해
실현될 것으로 보고 남한 단독선거 분쇄를 위한
남한 인민들의 투쟁을 촉구한다

"유엔의 총선거에 반대하는 인민항쟁을 하라"
강한 영향력을 가진 이정은 북한에서
남로당에 지령하면서 북한 내남연락소에서
일일이 남한의 정세를 체크하고 있었다

이것은 미군정의 행정과 역행하는 일이었다
그때 미국은 이미 휴회된 미소공위에서는
한국 문제를 다룰 수 있는 한계점에 도달했다는 인식 하에
한국 문제를 미·영·중·소 4개국 외상회의에 넘겨
국제적 해결의 실마리를 찾으려 하였으나

이미 38선 이북에서 확고한 정권 기초를 마련한 소련은
미국의 외상회의 제기를 거부했다.

이에 미국은 한국인의 독립염원을 실현코저
정해년 팔월 십칠일 제2차 유엔총회에서
유엔 한국위원단 감시 하에 남북한 동시 총선거를 제의하고
정부가 수립되면 미·소 양군은 철수하고
한국 정부의 권한을 인정할 것을 주장하였다

이 안이 여러 모로 객관적 타당성이 있다고 본
유엔은 미국 안을 가결했다
훗날 유엔 감시단이 내한하여 총선거 준비를 서둘렀다
그때 소련 측이 유엔 한국위원단의 북한 입경을 거부했다
부득이 남한만의 선거가 불가피해졌고
한국 초유의 제헌국회의원 선거가 실시되기에 이르렀다

일머리가 이러함에도 이정은 결사반대로 일관
집요하고도 지속적인 남한 단독정부수립 반대투쟁을 계속했다

10. 1948년 제주에서 일어난 4.3 민중항쟁

샛노랗게 핀 유채꽃을 보지 말라
사진 따위는 찍지 말라
한들한들 가녀린 몸뚱어리들이 서로 몸 기대어
기관총 난사에 숨져간 영혼들의 진혼을
저리도 애절하게 머리 숙여 합장하느니

애꿎은 시민들이 반동폭도로 몰려
몰살당한 마을이 부지기수, 폭행에 턱이 빠져
평생을 수건으로 턱 싸매고 살아온 할망들이 부지기수,
죽어 뼈도 못 추린 집들이 부지기수,
영문도 모르고 죽어간 어린 것들이 부지기수,
원한을 품을 새 없이 죽어간 이들이

샛노랗게 되살아나는 유채꽃을 꺾지 말라
분노 없이 사진을 찍지 말라

미제국주의자들의 폭거가 살아 숨 쉬는 땅,
민중이 주인 되는 나라를 위해
선지피 쏟으며 스러져간 영혼들이 숨 쉬는 땅,
제주에 저 세상 모두의 제혼諸魂이 산다

11. 박비비안나, 막 울다

없다, 아무것도 없다 나는 없고 아무것도 없다
꽃망울 터트린 산수유도 없고 열차의 기적소리,
저것도 없다
사랑하는 나의 외동딸 비보치카…로 시작되는
아버지의 편지를 읽고 난 후 이것이 꿈인가
박비비안나는 진공상태에 빠진다

언제 흘러내렸나 눈물도 모르게 떨어지고
그리운 아버지의 육성이 진공을 두드리며
무중력의 정신에 삿갓등을 켠다. 아버지 그리운 아버지,
아버지가 켜신 무진장한 연모의 등불 밑에
제가 며칠 밤 내내 떨며 울고 있는 거 아세요

지금 나는 혼자 살고 있단다… 말씀하시면 안돼요
저도 아버지 곁에 있잖아요 이렇게 열 번 스무 번 백 번씩
아버지 뵈옵듯 아버지 편지 읽고 또 읽으며
모스코바 하늘 아래 뿌린 아버지의 말씀 그리며
저도 아버지 곁에 있어요 그리운 아버지, 비비안나는

인간의 몸속에 담긴 눈물이 끝이 없을 줄은 몰랐다
눈물이 행복인 줄 몰랐다. 물음이 영원한 줄도 몰랐다
비비안나는 그 끈을 꼭 붙잡고 막 울고 있었다

12. 한 민족 두 국가

강변이나 물이 유입되는 호수의 상층부나
바닷가 해변에서 모래가 산다

물 버드나무 여린 새순을 친구로
조개껍질 줍는 연인들을 애인 삼아
검은 꽃잎 떨구며
몸 부비는 완행열차 타고 모래가 산다

장미 가지는 땅에 몸을 뉘어
예리한 가시를 은폐시킨 채 향기를 감춘 옆에
고슴도치가 새로 땅굴을 마련했다

오월이나 구월 쯤 일이 벌어졌다
여드름 닥지닥지 난 소녀가
향기에 취해 땅굴을 들여다 본 순간
오천년 묵은 혼령이 붙어 임신을 했다
아비는 순전히 바람이었다

땅굴 속 두더지 닮은 인파는
하도 많이 상처를 입은 탓일까
검은 물결 위 몰아치는 해변의 모래를 기억 못했다
모래는 광란의 광장에서 애길 들었다

무자년(1948. 5. 10) 대한민국 정부수립과
무자년(1948. 9. 9) 조선민주주의인민공화국 수립이란
모래들의 은밀한 속삭임을 들었다

검은 몸이 더욱 검어진 모래는 울며
이 뜻밖의 출산에 정처 없이 발길을 돌렸다

13. 조선민주주의인민공화국 부수상 겸 외무상 되다

어린 적 올라가던 일산이수정이었다
만산의 일산이수정이 불타고 있었다
도깨비불 같은 게 휘휘 휘둘리며 울창한
신양 만산에 붙어 온통 산 전체를 불 지르고 있었다

손에 잡힐 듯 말 듯 멀리서
신양 어머니가 손 내밀어 붙잡으려다
신양 달천의 뽀얀 살결처럼
흰 머리칼 날리며 멀리 사라져 갔다

불길은 끝내 신양집에 붙었다
지금은 살고 있지 않으시다는 형님이 뛰쳐나와
생솔가지 분질러 불 끄고 있었다
형님이 휘휘 손 휘저으며 가라가라
멀리멀리 가라며 손짓하는 사이 불길이 퍼졌다

조선민주주의인민공화국 부수상 겸 외무상인 이정에게도
정월 대보름 쥐불놀이 깡통불 같은 게 붙었다
마흔아홉의 안경 쓴 이정이 서둘러
허겁지겁 불을 끄려는 찰라 딩딩딩
군대의 진군을 재촉하는 북소리가 울리고
꿈결인 듯 생시인 듯 보인다

14. 이정에 대한 북한 주재 소련 민정청장 레베데프 소장의 평가

크리스마스의 들뜬 분위기와 국방성은 무관했다
바로 그 크리스마스 날 레베데프는 국방성에 평가서를
제출했다. 북한 정치인 이정의 신상평가였다

"박헌영은 이론적으로 준비가 잘 된 활동가이며
조선에서 가장 우수한 막스주의자들 가운데 한 사람이다
그는 막스, 레닌주의 이론에 대한
자신의 지식을 향상시키기 위해 체계적으로 노력하고 있다
조선의 국내 정치상황에 대해 올바른 견해를 갖고 있으며
국제 정세에 관해서도 정통하다 온화한 성품과
겸소한 생활태도를 지니고 있다 공산주의 운동에
자발적이며 진지하고 충실하다 박헌영은
북조선과 특히 남조선의 광범한 대중들과 좌익정당들,
심지어는 중간파 정당들 속에서도
상당한 권위를 누리고 있다. 남조선 민주주의 민족정신의
사실상의 지도자며 이론적 지도자이다
박헌영은 조선의 탁월한 정치 활동가이다 그는
소련에 매우 우호적인 태도를 견지하고 있다."

소련 국방성 앞으로 제출된 레베데프의
위 보고서는 물론 대외비였다

15. 금강산 가을 산행과 김일성의 권유

지팡이에 묻어 나오는 갈 단풍 냄새가
기암절벽, 금강산에 진동하고 있었다 바위 바위에
계곡 계곡에 한 민족의 서기瑞氣가 서려 있어
나무 한 그루 풀 한 포기에도
경건한 가을이 배어 나오던 금강산 산행에서
동행한 김일성과 허가이가 결혼을 물어 왔다

외로이 혼자 사는 게 보기 어렵다며
김일성은 적극 이정의 재혼을 부추겼다
독립군 투사의 딸로 스물다섯이라는 얘기까지 곁들어
상당한 구체성을 드러내자
지천명에 이른 이정이 폭소를 터트렸다
결혼이라, 얼른 주세죽이 스치고
유년의 신양 서계양리 산수골이 보이고
정순년의 가녀린 품이 망막을 지나쳤다

16. 딸 박비비안나 평양에 오다

을축년(1949, 50세) 삼월에 북한정부 대표단으로
김일성 수상과 홍명희, 이정이 모스코바에 도착하여
의장대를 사열한 후 크레믈린 궁전에서
스탈린 등과 회견을 하고 귀국하여 이정은
모스코바에 있는 딸을 초청했다

거나 이십여 년 만에 처음 만나는 부녀는 서먹했다
김일성의 주선으로 새엄마 레나가
아버지 곁에 있어설까 포옹 이후 적막했다
그러나 곧 이정의 배려와 레나의 정성 속에
박비비안나는 낮이면 최승희 무용연구소에 다녔다

이정은 비비안나가 평양에 머물기를 바랐지만
비비안나는 그럴 수 없다고 판단했다.

한국어를 모르는 원인도 있었지만 무엇보다
비비안나가 사랑하고 사랑하는 춤이 있어
간절하면서도 결국 춤을 따라 모스코바에 간다
비비안나에게 그것은 생애의 결단이었다

춤을 사랑하여 친부의 곁을 떠난 일이
비안나의 생명줄을 지키는 일일 줄은 누구도 몰랐다.
물동이춤이 생명춤이 될 줄은 몰랐다

17. 동방의 백조白鳥

동방의 백조, 최승희의 물동이춤은
훗날(1933. 5) 도쿄에서 일본 열도를 강타했다
춤사위는 조선에 대한 그리움으로 울렁였다

"당신의 춤사위는 우리네
아리랑 고개의 너울거림이 아니겠습니까" 라며
훗날 노벨 문학상을 수상한 가와바타 야스나리는
말하면서 '그의 춤과 혈관 속에 충만한 민족애야말로
조선이 아껴야 할 그 무엇'이라고 말했다

도쿄 청년회관에서 열린 신작발표회장에는
최승희의 열렬한 후원자였던
여운형과 송진우가 참석하였는데
이정은 몽양을 통해 그를 알고 있었고
미국의 뉴욕타임스는 "그의 춤에는 일본의 색,
중국의 율동, 한국의 선이 함께 흐르고 있다" 했다

세계지도를 가지고 다니며
외국 기자들에게 조국 꼬레아의 식민지 상황을
설명해 주던 그는 세계적인 스타였다

피카소, 마티스, 로맹 롤랭, 장 콕토와 같은

시대의 예술정신들이 그의 춤에 혼을 빼앗겼다

쟁감춤과 물동이춤을 창안해 낸 최승희는
마라톤의 손기정과 함께 민족의 우상이었다

남편을 쫓아 월북하여 남한과 북한,
친일과 반일, 친공과 반공, 일본과 중국을
넘나들며 이데올로기의 교차로를 가로질렀던
춤의 달인이자 동방의 백조였다

18. 이정에게 드리우기 시작한 그늘

김일성은 소련의 지시에 충실했다
소련이라는 우산 말고 다른 방패막이가 없었다
스티코프 장군은 초대 소련 대사로 부임했고
이그나티에프 대좌는 김일성의 정치고문으로
김일성은 그의 선량한 학생이었다
소련이 노린 것은 주민에 의한 사회주의 건설이 아니라
북한을 소련의 위성국가화하려 한 점이었다

여기에 핵심은 김일성이었다
당시 조선민주주의인민공화국의 정부조직에는
조선독립운동의 애국지사들이 많이 참여하였다
김일성과 함께 만주에서 투쟁했던
김책, 최용건 등의 빨치산들은 물론이고
조선공산당의 지도자인 이정을 필두로
이승엽, 박문규 등과 연안파의 김원봉, 최창익, 박일우, 허정수
소련파의 거두 허가이를 비롯하여
저명한 민족지도자 홍명희, 이극로, 백남운 등과
이준 열사의 아들인 이용 등이 포진하여
서울에 세워진 대한민국의 초대내각에 비견될 만한
인재들이 모여 정부를 구성했다

해방된 조국에 소련의 위성국가 따위를
만들려고 한 것이 아니라
왕조王朝 따위처럼 착취 계급이 없는 무산자無産者들의
사회주의 국가 건설이 그들의 정치신념이었다
국기國旗와 국가國歌를 새로 제정하면서
북한의 모든 정치 사회 단체와 전 인민들이
함께 참여하는 새로운 정부와
새로운 조선을 건설하려고 애쓸 때
두만강 서리서리 애간장이 넘쳐났다

그 때에 소련정부가 소련인을 북한 정부의
정치고문으로 앉히고 김일성의 빨치산을
중심으로 북한의 무력을 장악한 것은
북한정권에 참여한 쟁쟁한 인사들이나 이정,
사회주의 건설의 빛나는 꿈을 갖고 있는
이정에게는 보이지 않는 그늘이었다

19. 평양에서 윤레나와 재혼하다

금강산에서 내려온 들국화가 평양 하늘에 핀다
하늘은 맑고 햇살 따사로운 구월 열이튿날에
하늘의 들국이 모여 빗은 선녀가
흰 양장을 입고 몸짓마다 진한 향기를 뿜고 있었다

숫총각이라도 되는지 벌겋게 달아올라
이미 지천명에 이른 이정 앞에
중절모를 쓰고 상하 흰 양복을 입은
서른여덟 살의 최고 실력자 김일성이
함박웃음 띠며 이정 부부에게 꽃다발을 준다
소련대사 스티코프도 꽃다발을 건넨다

축하연이 끝나고 이정이 윤레나에게 말했다
자네는 나의 두만강이야 발랄한
두만강 푸른 물결이야 백두산 저 웅장한 산봉우리가
자네의 대지야 자네 있어 오늘 하루만으로
나는 이미 천년을 살았다오

시새움은 아닐 터이다 비비안나는 아버지의
조용조용하고 확고한 심지가 박힌 말을 들으면서
묘하고 행복한 감정을 느꼈다

20. 회전하는 수레바퀴

둥근 원 안에 두 사람이 서로 등을 보이며 걷고 있었다
뚱뚱한 등과 갸름한 등이 가는 발길에
곡선의 기운이 서릿발처럼 일어서고 있었다

조선의 평화적인 통일을 갈망해온 이정이
전쟁과 무력의 반대자라 증언한 샤브시나 여사가
남편 샤브신과 함께 만난 이정은 분명히 그러했다

그런데 이정이 전쟁에 의한 통일노선을 천명한
경인년(1950,51세) 사월 초에 열린
조선노동당 중앙정치위원회에서의 김일성의 주장을 이정이
절대 지지했다는 말을 전해들은 샤브시나는
둥근 원 안에서 등을 보이며 가고 있는 두 사람을 연상했다

윤레나의 뱃속에 크고 있는
아이의 발길질에 귀 기울이고 있던 이정은
힘, 힘을 깨달았으리라 수상 김일성이 쥐고 있는
강렬한 통치의 원천인 조선인민군의 깃발이
북조선인공기와 나부끼고 있는 절대적인 힘을 알았으리라

50회 생일을 맞아 최고인민회의 상임위원회에서는

이정이 조선인민의 해방투쟁에서와
조선민주주의인민공화국 창건에 있어서 공헌한
특출한 업적을 참작하여 국가훈장 제1급을 수여했으나
북한 정권의 부수상이요 외무상인 자신의 목덜미에
왠지 쓸쓸한 바람이 불어옴을 느꼈으리라

비가 오고 바람이 불고 세월이 가도
둥근 원 안에서 등을 보이며 가고 있는 두 사람이
어쩐지 가엽고 안타까운 것은 여자인 탓일까
샤브시나는 나직하게 탄식을 했다

21. 멱치기

늘 쓰고 있던 안경 벗어
내 팽개친다
세차게 부딪치는 파도에 뒤섞여
반세기 동안 붙어있던 눈이
사라진 자리에 꽃잎처럼
유년의 얼음꽝에서
언쟁 끝에 썰매 송곳으로
나이든 동네 형 등허리를 찔렀을 때 쏟아지던
핏물이 선연히 되살아난다
토할 것 같은 비릿함, 천명이라
천명을 모르는데 지천명,
몹시 쓸쓸하여라
오늘까지의 삶을 되돌아보면
할복의 댓 자리가 평안을 주지만
그러나 보라 진짜
진짜 싸움은 지금부터다

언제 파도가 지쳐 물러가고
언제 핏물이 묽어 하얗던가

22. 한국전쟁 일어나다

주검에 이르게 한 만큼
통일조국이란 명분이 가치 있는 것일까
일가족의 행복이 주검에 이르게 할 만큼
자유민주주의란 존재하는 것일까
한 나라가 폐허화 하면서도 과연
통일정부 수립은 가치 있는 것일까
아비규환의 생지옥 속에서도 이상은 있는 것일까

38선 인접한 양구의 성당과 교회당에서
장엄한 미사와 예배를 드리고 나오던 신자들이
머리 위에 떨어진 박격포탄을 맞고 즉사했다
강대상 뒤편 늠름하던 십자가도 박살났다
경인년 6월 25일 새벽에 하늘은 없었다
일요일에 맞춰 무도회장은
한국군 고위 장성들로 붐비고 시민들이
곤한 새벽잠에 빠져 있을 때였다
돌연 하늘이 실종됐다 포탄의 불꽃이 하늘이었다

한낮도 없었다 농촌의 논밭 이랑에서
도회지의 시가지에서 시체들이 뒹굴었다
태극기도 없었다 여기저기 펄럭이는 것은 죄다
붉은 별이 그려진 인공기뿐이었다

국군은 어느 전선에서도 인민군의 적수가 못 되었다
패퇴에 패퇴를 거듭하자
분에 겨운 일부 군인들은 수류탄을 안고
인민군의 탱크 속으로 들어가 탱크와 함께 폭사했다
초여름 신록처럼 푸르던 젊음도 증발했다

이승만 대통령은 급히 대전으로 도망쳤다
라디오 방송은 대통령의 무기였다
지금 용맹스런 우리 국군은 적을 격퇴하고 있습니다
서울은 끝까지 사수할 테니 시민들은 안심하시고
생업에 종사하시기 바랍네다
쉴 새 없는 방송에 귀 기울이던 시민들 머리 위로
아이들의 목이 떨어져 뒹굴었다

한강철교는 두 동강 났다 피난 가지 못한
시민들이 무작위로 한강에 빠져 죽고
살아남은 이들은 공포에 떨었다 전쟁발발
삼 일 만에 수도 서울이 함락되자
바로 그날 트루먼 대통령은 미군에게 참전명령을 내린다

미 공군기의 무차별 폭격이 아니었다면
부산과 제주도를 비롯한 전국이 소비에트화 하는 것은
시간문제였다. 520만 명의 인적 손실과 일천만 명의
이산가족을 양산한 6.25전쟁으로 아사상태의
패전국 일본이 기사회상起死回生했다

유월 말경에 이정은 방송연설을 했다

“남반부의 노동당 전체 당원들과 전체 인민들에게” 보내는
이 연설에서 이정은 적의 후방에서
폭동을 일으켜 인민군에 호응하여 궐기할 것을 촉구했다
일제의 압정에서 벗어나 오늘에 이르러서야 비로소
조선민주주의 통일국가 수립이 보이는 듯했다

23. 이정, 동란의 중심에 서다

이정의 동란 찬성 및 조언을 김일성은 믿었다
반면 이정과 남로당 계열의 국내파 공산주의자들도
여러 여건상 무력통일의 가능성을 믿었다
통일은 곧 남로당의 활동기반이자
지지세력의 기반인 남한을 회복하여
국내 공산주의의 주류인 이정을 정점으로
새로운 강력한 통일 민주정부를 수립할 수
있다는 데 착안하였고 무력통일이
궁극적으로 유리한 위치를 점할 수 있다고 믿어
한국전쟁을 적극 찬성했다

거듭 이정은 김일성에게 남한 내부의
남로당 계열의 봉기를 이유로
미제국주의와 남한괴뢰정권의 붕괴를 장담했다
중국에서의 공산주의자들의 승리나
미 국무장관 애담스의 담화가 외부적인 요건이었다면
강력한 북한군의 보유와 이정의 고무는
동란의 발발을 개시한 김일성에게
다시없는 자산이었다
이로써 유구한 역사의 오천년 조선소나무는
그 뿌리를 뽑힐 운명을 감내해야 했다

24. 인민군 총정치국장 및 인민군 중장되다

다 이긴 전쟁이다 확신하며 느긋하게
흰 정장에 전승의 축배를 들고 있던 김일성 및 이정에게
미군의 전쟁 개입은 엄청난 충격이었다

맥아더를 총사령관으로 한 유엔군의
구월 십오일의 인천상륙작전 이후
북한 측의 전황이 급격히 악화되자
김일성·이정 명의로 지원을 요청하는 긴급 서한을
스탈린에게 띄운다 그러나 스탈린은 냉담했다

그러다 찬바람 부는 시월 초엔
인민군 내에 총정치국을 창설하여 인민군 중장의 신분으로
총정치국장에 취임한다. 이로써 이정의 공식 명칭은
부수상, 외무상, 총정치국장, 인민군 중장 등을
더하여 조선인민군 최고사령관 김일성과 함께
조선인민군 총정치국장 공동명의의 각종 명령을 하달했다

생사여탈의 서슬 푸른 권력에 예리한
막스 레닌주의로 무장된 혁명의 투사 이정의
집 앞엔 그러나 나팔꽃이 꽃잎을 오므리고 있었다

25. 동란의 종결

구월 십오일에 인천 월미도에 기습 상륙한 한미 해병대는
그 다음날인 십육일엔 인천을 함락했고
열흘 뒤인 구월 이십육일엔 서울로 진입했으며
동해안과 서해안을 따라 계속 북상하여
한국 1군단은 시월 십일 원산을 점령했다

서부전선의 미군이 이십일에 평양을 점령하자
이십사일, 맥아더는 미국 합동참모부의 허가 없이
무제한 북진하라
오직 북진하라는 단독명령을 내린다

압록강 물을 수통에 떠 마시며 만세를 부르던
국군은 도무지 정신을 차릴 수 없었다
시월에 중공군이 전선에 투입되자
다시 전세가 역전되어 한·미군이 패퇴했다
십이월에는 다시 평양이 공산군의 수중에 들어갔다

노장老將은 죽지 않고 사라진다,
맥아더는 그런 말을 남기고
신묘년(1951) 사월 트루먼의 해임에 응했다
후임 릿지웨이 사령관은 미국 정부의 의도대로
제한전쟁에 역점을 두어 전반적 전황은 교착상태에 빠졌다

릿지웨이의 제안을 김일성이 수락함으로
칠월 십일부터 개성에서 첫 휴전회담이 열린 후
계사년(1953) 칠월 판문점에서
유엔군 대표 헤리슨과 북한 측 대표 남일 간에
휴전협정 조인이 성사되었다
이로써 만 삼 년 십 개월 간의 한국동란이
이긴 자도 진 자도 없는 원점에서
동면에 들어갔다

26. 동란의 후유증

민족상잔의 동란은 참혹한 전쟁이었다
전쟁에는 늘 승자와 패자가 있고 패자는
역사의 뒤편에 묻혀 전쟁의 모든 책임을 진다
민족상잔의 엄청난 사상자를 낸 동란은 그러나
승자도 없었고 패자도 없었다

동란 발발의 당사자인 김일성의 권력과 수명은
흡사 2차대전 후의 일본 천황과 유사했다
병무년 오월, 마침내 극동국제군사재판, 일명
도쿄전범재판이 열렸지만 가미카제 일본군이
끝내 죽어가면서도 외쳤던 천황폐하 만세의 주인공인
히로히토는 기소되지 않았다

살아있는 신神임을 부정하는 천황 인간선언(1946.1)은
맥아더의 뜻이었다 맥아더는 천황을 보호했고
전범재판부는 끝까지 태평양전쟁을 반대했던
총리 겸 외무대신 히로타고키를
교수대에 매달았다 도조 히데키는 전쟁의
총책임자로 몰려 죽었다

히틀러, 무쏘리니와 함께 2차 세계대전의 3대 전범인
히로히토는 패전 뒤에도 44년을 더 일본을 다스렸고

천수를 누리다 국민의 애도 속에 죽었다
이는 김일성과 너무도 유사한 점이 많은데
한편 한국전쟁은 한민족의 분단을 고착시켰다
통일 방법을 강구하는 대신 남북 모두 중도적인 이념 없이
어느 한쪽으로 편향된 이념과 세력이 집권했다

훗날 사회주의가 아닌 독재왕조를 만든
김일성은 천수를 누리다 히로히토처럼 죽었고
이승만은 권좌에서 쫓겨나 하와이에서 죽음으로써
당시 남북의 최고 권력자들은 갔으나
전쟁이 끼친 인적 물질적 정신적 손실은 컸다

냉전체제가 굳어진 것은 차치하고라도
민족 내부의 불신감과 증오심과 복수심의 조장으로
전후 이십 년 동안을 남북은 대화나 접근 없이
철저한 적대감으로 대치하는 원인을 제공했다

동란의 최대 후유증은 사상자나
다량의 이산가족을 양산해낸 것과 함께
한민족끼리의 평화적 통일 분위기를 가로막고
남북 모두 엄격한 흑백 논리적 사고방식으로
매우 경직되고 매우 편협한 의식세계를 형성하여
지금까지도 지속되어 온다는 데 있다
동란은 결국 백의민족의 공동체 상실과
백두영봉 아래 한민족의 아름다움을 상실케 하였고
이정의 정치신념과 역할도 타격을 받기 시작했다.

27. 윤레나, 이정의 아들 낳다

전쟁이 교착상태에 빠져 있던 1952년 여름,
이정의 부인 윤레나는 모스코바에서 남자아이를 출산한다
지지난 해에 큰딸을 낳은 윤레나는
틈실한 사내아이를 낳고도 웃는 기색이 없었다

옆자리 박비비안나가 며칠 후 새엄마를 살피며
소련말로 대화를 시작했다

머뭇머뭇 거리다 말문을 연 새엄마는
평양에서 박해당하고 있는 정황을 알려줬다
기축년(1949) 이월, 소련 방문시 스탈린이 선물한
승용차를 김일성에게 빼앗겼다는 말도 했다

혁명가의 핏줄은 피가 빠르다
박비비안나는 훗날 그 당시를 회고하면서
순간 이상한 예감이 뇌리를 스쳤다고 했다

본능적으로 장차 닥칠 불길한 조짐을 느꼈을까
비비안나는 새엄마에게 간청했다
모스코바에서 새엄마랑 동생이랑 함께 살자
절대로 평양엔 돌아가지 말자
딸이 아닌 어미의 심정으로, 그런 절박함으로, 애정으로

비비안나는 새엄마에게 애원했다

이제 걸음마하는 나타샤는 그렇다 쳐도
그분 곁에 그래도 내가 있어야 된다며 결국 새엄마는
모스코바에서 태어난 아들 세르게이를 안고
열차 편으로 왔던 길을 되짚어 갔다
동생을 껴안은 비비안나는 역까지 나가 배웅을 했으나
이것이 마지막 상면일 줄을 알지 못했고
여름 폭우가 하늘을 덮으며
알지 못하는 운명을 향하여 걸어가고 있었다.

28. 이정, 체포되다

정확한 정보를 바탕으로 이정의 소재파악을 완료한
내무성 소속 비밀경찰 병력 일백여 명이
계사년(1953, 54세) 삼월 열이레의 새벽공기를 가르며 달려와
정규경찰 병력 삼백 명의 합세 속에 이정의 집을 급습했다

한낮에 월남인민공화국 외상에게 보낼
공문서 작성에 지친 몸을 뉘여 곤히 잠에 빠졌던 이정이
경호원들이 피살될 때 울린 총성에 잠이 깼을 땐

수백 명의 완전무장 된 병력이
겹겹이 집을 포위하고 있었고 경찰 책임자인
지경수는 인민군 중장이자 총정치국장인 이정에게
깍듯이 거수경례를 붙인 후
가족의 신변을 언질하며 강제연행에 응해 줄 것을 요구했다
체포된 이정은 내무성으로 연행되었다

쉰네 살의 이정이 차창 밖으로
울며 매달리는 윤레나와 어린 딸아이를 보자
갑자기 어지럼증이 전신을 훑었다

29. 허가이

허가이 부수상은 소련파로 대별되는 핵심 지도자였다
국가주석 겸 당 총비서인 김일성의 지도력에
직접 도전한 것은 허가이가 북한의 당 조직을
책임지고 있었고 당 검열위원장으로 권력 서열이
높았기 때문에 가능했다

압록강 전선에서 밀려난 한·미군과 38선을 놓고
이 일대에서만 전쟁이 국한되자
허가이는 대중당 성격의 노동당원 60만 명중
45만 명을 출당시켰는데 이것은 김일성의 의중과 상치했다

허가이의 당 성격 변화의 의도가
단지 부실한 당원을 출당시키는 데 있는 게 아니라
자신에게 도전하는 것으로 판단한 김일성은
계사년(1953. 6. 30)에 조선노동당 정치위원회를 소집하여
허가이의 태도에 대하여 지적하며
자기비판을 요구하자 지방으로 전출가 있던 허가이는
김일성이 이미 이정 체포를 비롯하여
허가이 자신 역시 죽일 것이 분명하다고 판단하여
칠월 초이틀 날, 당정치위원회 회의소집 직전에 자살했다

권력의 한 축을 돌리는 소련파의 지도자였던

허가이가 자살하자 소련파들은 꼼짝을 못했다
김일성은 소련말밖에 할 줄 모르는 영감이 갔다며
허가이의 자살 소식을 듣고 크게 웃었다
허가이의 명단에 가위표를 하며
권력의 한 축을 도려냄을 기꺼워했다
전쟁의 와중에서 발발한 일이지만
권력의 축을 단단히 거머쥔 김일성은
허가이의 자살로 소련파 제거를 완료했으나

부동의 강적, 부수상이자 총정치국장이며 외무상인
이정의 얼굴을 떠올리며 주먹으로 내리쳐
코앞의 탁자를 박살냈다
이정, 그 자는 불온한 작자야 으드득 이빨을 갈며
김일성은 앉아 있던 의자를 들어 박살냈다.
계사년 한여름철의 일이었다

30. 김일성 제거 계획의 전말

사실 전쟁의 발발 및 교착상태 이후에 이정은
착취와 압박이 없는 무산자들의 사회주의 국가가 아닌
김일성과 그의 빨치산들이 무력을 장악하여 만든
조선민주주의인민공화국의 정체성에 회의를 가졌다

조선공산당 계열의 이승엽, 이강국, 임화 등에게
이정의 이러한 생각이 전해졌고 이들은
전쟁 중이던 신묘년(1951) 팔월에
남한의 지하공작을 명목으로
황해도 소흥군에 남한 출신들을 교육하는
금강정치학원을 설립했다 이 학원의 지도자들은
이정의 수족이나 진배없는
남한 계열로 그들은 전부 이정의 지지자들이었다

강인한 성격의 김응빈이 원장이었고
전 서울 정치학원장이었던 송을수가 부원장이었다
임신년(1952) 삼월에는 남연백에 게릴라부대를 만들었다
남한 출신 맹종호가 대장이었다 여기까지는
총정치국의 보고로 이정이 낱낱이 알고 있었다
그 이후로 교착상태에 빠진 전쟁의 책임론을 두고
김일성은 군부의 비판을 요구하는 동시
이정에게도 무형의 압박을 가해왔다

이미 북한의 군 · 경 · 정을 장악한 김일성의 공격은
김일성과 함께 전쟁을 계획했던 이정에게는
목숨을 요구할 만큼 치명적임을 이정은 알고 있었다

이럴 즈음 김일성 내각의 사법상 이승엽은
기미년 삼일운동 이후 이정을 중심으로 태동한
조선 공산주의가 독립운동의 연장선상 위에서
새로운 조국건설을 실현하길 꿈꾸었다
고통받아 온 인민이 주인이 되는 국가건설을
김일성을 제거한 순수 사회주의국가 건설을 구상했다

김일성과 그 일당을 축출해 버리면 그 나머지 하부조직은
이정이나 이승엽 스스로가
충분히 장악할 수 있다고 내다봤다
물론 군사 공작을 실천하기에 앞서 이승엽은 이를
이정에게 알리지 않았음은 주지의 사실이다

이정이 모르는 사이 이정을 국가주석으로 하는
신 각료 명단이 작성되었다.
부주석에 장시우, 내무상에 박승원, 외무상에 이강국,
국방상에 김응빈, 선전상에 조일명, 교육상에 임화,
노동상에 배철, 상업상에 윤순달을 내정하고
치밀한 계획 하에 1953년 연초 부대를 동원했다

전시였다, 평양 시내는 무장한 군인들로 넘쳤다
누구도 믿지 않았고 의심이 많았던
김일성은 특히 자신이 항일투쟁 시 직접 거느렸던

빨치산들을 신뢰하여 최측근의 경호를 맡겼다
인민군 1사단장 최광이 그 전위였다

이승엽의 사천 명 정예 공작원들이 평양으로 쳐들어갔으나
교전다운 교전도 못한 채 불심검문에 걸려
당일에 거의 죽거나 체포당하였다.
반란으로 규정된 관련자들이 사형을 당했지만
이 일이 결국 이정의 목을 조이는 빌미가 됐다

강력한 라이벌이자 조선사회주의운동의 원조인
이정을 거꾸러뜨린 것은 김일성이
한국전쟁에서 무력에는 성공하지 못했으나
권력투쟁에서는 성공한 뚜렷한 증거였다
김일성 제거 계획은 결국 김일성이
이를 제압하여 권력 기반을 공고히 다지는데
역이용 되는 동시 이정의 체포 구금을 불러온
직접적인 빌미를 제공해 주는 것으로 그쳤다.

북한 내무성 지하 감옥에 갇힌 이정은
어금니를 깨물며 패배한 역사의 얼굴을 보고 있었다

31. 네 개의 어금니

한창 젊어 일제의 옥중에서
적 떨어져 나간 네 개의 어금니가
쓴맛에 이골 난 이 틈새로
날개를 단다 날개를 움직이는
저것은 예리한 칼날인가
혀와 혀 사이에 날아다니는 갈매기인가

오천년 국가의 명운이 적어도
적 떨어져 나간 어금니를 깨울 것이다
가녀린 어깨를 흔들던 믿음에다
태연히 독사를 품어
서릿발 따순 음지의 황토여
붉은 입술의 침상을 걷어내라

핏물 뚝뚝 떨어지는 냉방의 거웃에 갇혀
개체 역시 죽었으므로
시궁창의 거처도 달가워라
내 가슴의 날간을 씹으며 어금니여

눈물 달고 이제 고백하라
너는 오래 전에 패배하였다

32. 주세죽의 최후

아, 허망한 일이로구나
첫사랑 그 황홀한 광채의 날들이 사라지고
대야에 몸 씻기던 내 핏줄마저 잃을까 찾아온
눈 덮인 모스코바 땅이 내가 눈 감을
임종의 종착지라니 허망하구나

클질오르다 유배생활은 내가 산 게 아니다
내 혼에 귄 너와 네 아버질 안고
망망한 얼음길을 에스키모인처럼 살아온 그것은
삶이 아니라 형벌이었다

혁명가 아내의 삶은 칼날이었다
가슴에 품고 다니다
여차하면 제 손으로 심장을 뚫어야 하는
단지 예리한 칼날의 삶이었다

나는 언제든 죽을 준비가 되어 있는
포수 앞의 산비둘기 같았다

부수상의 체포와 사형언도라면 너도 화가 미칠 거야
허겁지겁 달려온 모스코바 길에서
포수처럼 폐렴이 날 기다리고 있었구나

거의 의식이 없는데다
심한 각혈로 내 생명호수는 거의 말랐구나

애타게 찾는 너 대신
사위인 빅토로가 내 임종을 받는다는구나
무용단 순회공연을 잘 마치고 오너라
소련의 키예프에 있는 너 대신
사위가 내 손잡고 피를 받는구나

흐릿한 의식 저 너머 부수상이 보이는구나
바로 말이지 그이를 나만큼 사랑한 이가 있느냐
그이 앞에 설 수 없는 몸이라지만
조선 이름 주세죽, 소련 명 한베라,
나보다 더 그일 사랑한 년 있으면 와봐
나보다 더 그일 감싸준 년 있으면 와보래두

그런 그이가 사형을 당한다니 나두 지쳤다
세상 살 일이 없어졌구나
세상 목숨도 쓸모없어졌구나

사위 얼굴이 자꾸 달아난다
아, 너는 다신 나를 못 보겠구나
그리운 너를 나는 다신 못 보겠구나

33. 이정, 사회안전성 회의실에서 재판받다

정교하게 짜여진 그물이었다
태산을 무너뜨리는 곰이라 한들 올무에 걸리면
꼼짝을 못 한다 살모사라 한들 목 눌린 것이다
끊을 수 없고 빠져나올 수 없는 그물이
겹겹이 드리워져 전신을 옥죄고 있었다
정교하게 짜여진 천망天網이었다

각본대로 재판은 진행되었다
박헌영의 조선민주주의인민공화국 정권전복 음모와
반국가적 간첩 테러 및 선전선동 행위에 대한 사건이
재판의 정식 명칭이었다

최고 검찰소 검찰총장 이송운은 일제 때
일경에 체포·구속 경력이 있는 철저한 김일성파였다
이송운의 사형 구형에 화답하여
피소자 박헌영을 사형에 처하고 재산은 몰수한다
특별재판소장 조성모는 사형 및 전재산 몰수형을 선고했다

재판은 을미년(1955) 십이월 십오일 오후에 있었다
꽁꽁 묶여 여기저기 피가 흐르는
웅크린 한 마리의 상처 입은 짐승이
가쁜 숨을 힘겹게 몰아쉬고 있었다

타오르던 통일 민주국가 수립의 이상도 피를 흘려
옴싹달싹 못한 채 눈만 껌뻑거렸다

검사와 재판부의 혐의점을 순순히 인정한 것은
뇌리에서 떠나지 않은 가족들이 있어서였다

한 마리 짐승에 지나지 않은 이정은 더 이상
단단히 옭힌 이 올무에 어쩌면
빠져나가지 못하고 죽는다는 걸 알았다
어떠한 변장도 소용 안 된다는 걸 알았다

빠른 보폭으로 주검이 목전에 오는 만큼
아장아장 걷는 세르게이의 환영이 떠나지 않고
울며불며 매달리던 윤레나의 모습에
가슴이 미어져 천지가 캄캄한데
약속한 대로 김일성은 나의 가족을 외국으로 보내어
안전을 보장해 줄까 고민 끝에 올려다보는
겨울밤 하늘에 함박눈 펴붓기 시작한다
신양 서계양리 세울고개에서 오기 시작하여
신양 고향집 마늘밭에 내리던 함박눈 내린다

34. 함박눈의 증언

함박눈은 와도 왜 이정의 호송차를 뒤덮는가
총 사천 페이지에 달하는 이정의 공판기록 어디에도
정권정복 음모 및 미제간첩이라는 증거가 없었다

강압에 의해 억지로 덮어씌워 갇힌
내무성 지하 감옥을 함박눈이 덮는다
강제 자백 말고는 어떤 증거도 있을 리 만무했다
김일성은 소련 비밀경찰 출신의 방학세를 불러
증거를 찾아내라 했다 조작을 명령한 것이다
이와는 달리 소련에서 온 진상조사단은
이정의 편에 서서 흥분된 어조로 증거를 요구했다

함박눈이 길을 덮어 하늘 길을 내며
맑고 흰 순백의 길이 있단다 지상에선
꿈도 꾸지 못할 광활한 길이 있단다
맑고 깨끗하고 신나는 길 있단다 길이 있단다
하늘 길을 걸어온 함박눈이 말했다

삽교읍 삽다리와 예산읍 영래다리 지나
하늘 길을 걸어온 함박눈이 그렇게 말했다

35. 수위에게 주는 말

네 아무리 까막소를 휘잡아도
검은 가운을 검게 봐라
검은 옷 입었으니 검게 봐라
배꼽이 한 개건 열 개건
물건이 포경이건 벗겨졌건
속이야 어떻든지
비탈진 숲의 가장자리에서
불태운 쓰레기 잿더미를 재료로
검게 물든 가운을 보면
평등이나 인권을 폐일언하고
겉모습부터 쓰레기 냄새 나잖느냐
쓰레기가 살아서
분탕질 도맡아 하다가
시체 냄새 맡고 우는 갈까마귀의
엿 같은 울음의 울타리 만들고
으스대고 거드름 피우다가
저것들이라고 영생할 거냐 뭐냐
그러니 수위야
검은 가운은 검게 봐라
쓰레기더미로 겁주지 말고, 젠장
한 번 죽지 두 번 죽느냐

36. 등불

– 큰아들 병삼에게

지하 침상 머리맡에 불 켜둬라
헛것들에 흔들렸던 육신과 지상의 꿈들이 쉴
지하 침상은 좀 부산할 거라
부조父祖에다 형 아우 가세하여
선영은 한껏 비좁으리라
바쁘고 피곤한 세상일이야 까짓것
어찌되든 상관치 않고
도리도리 뫼 앉아 앙상한 몸 만지다
오랜 그리움 꿰어
한바탕 으스러질 듯 포옹을 한 뒤
다시 한바탕 춤판을 벌일 터이니
상처 헤치고 살펴보아 어디
내 몸 어디에 기름 한 점 있거들랑
내 몸으로 부디 등불을 켜 둬라
네 생각에 가슴 미어진다만
아들아 그리운 내 아들아
내 영혼에 꼭 등불을 켜 둬라

37. 올챙이에게 주는 충고
- 나타샤, 세르게이에게

이제 겨우 앞니 돋아
꼬리 떼어내기 시작하는 것들아
비 내리는 밤에
노래처럼 누가 부르는 소리 있거들랑
로렐라이 언덕의 전설을 기억해라
애절한 음률에 귀 기울이던 뱃사공들이
흔적 없이 사라지곤 했다는
갯바위 아래 향취를 돌아보지 말거라
찰랑거리며 떠밀려온
해초의 은은한 흐느낌 있걸랑
로렐라이 언덕의 전설을 기억해라
시렁엔 호미와 괭이를
마음엔 고요와 가난을 품고
밀짚모자의 농부로 물꼬를 터라
기름진 밥에 기름진 고길 보거나 듣걸랑
무조건 저건 지랄이다
흔적 없이 사라지는 거다
떠내려 보내고 집에 와 귀 씻어라
비 오는 한여름 밤
도로에 나와 죽지 않으려면
수면에 뒤엎어져 죽지 않으려면
이제 겨우 앞니 돋아
꼬리 떨어져 나가는 어린 것들아

38. 그 이론가 어떻게 됐어?

그 이론가 어떻게 됐어?
김일성의 체제가 일당독재체제로 굳어가자
전후 북한의 복구 지원을 위해 모스크바 순방 중이던
김일성이 병신년(1956) 칠월 급거 귀국했다
팔월 종파사건이 일어나 이정의 추종세력이
집결되는 걸 염려한 김일성이 내무상 방학세에게 물었다
그 이론가 어떻게 됐어?

며칠 전에 스탈린과 이정의 망명을 합의한
사실을 일거에 뒤집으면서 한 이 말은
김일성이 이정을 처형하기 바로 전에 물은 말이다
아직 내무성 지하 감옥에 수감 중입니다
부동자세의 내무상 방학세는 답변했다

곧 뚱뚱한 김일성이 땀을 훔치며 명령했다
증거가 있건 없건 무조건 오늘 안으로 처형하라
결과는 즉시 보고하라, 부동자세로
거수경례를 붙인 방학세는 운전사 박길룡을 대동하고

이정을 싣고 밤길을 달려 철산군 산 숲
잡풀을 헤치며 평안남도 철산군의
망일산 원옥폭포 앞 처형지에 도착했을 때

발길 발길에 어리는 주검의 냄새,
담담히 이정은 주검의 얼굴을 마주보았다
신양 녹문리의 흑석바위도 보였다

찰나의 찰나에 한평생을 보았다
주마등 불빛처럼 지나간 일들이 스쳤다

무엇을 남기었다 할 수 있는가
가족 하나 건사 못하고 바람으로 회귀하는
오십칠 년의 생애가 바람이었구나
풍운처럼 살아온 발자취들을 되돌아보다 이정은
현재 서 있는 철산의 한 숲속에서
울컥 속에서 올라오는 울음을 삼켰다.

39. 귀향

헤엄치며 놀던 신양천 떠나
평양 대전 경성의 감옥과, 모스코바 상해를 거쳐
평양 내무성 지하 감옥의 포승줄 옭혀
막바지 다다른 철산반도에 오니
신양 고향천이 보이누나
발목 걷고 물길 건너던 마을엔
어스름 밤 여우 울음 울고
질화로 옆 옥양목 저고리 어머니는
밤늦도록 숯불 다림질을 하셨다
첫사랑 주세숙과 혼례를 치렀고
첫 손자 본 어머니가
쌍가락지 정순년을 맞아들일 준비를 하던
꼬불꼬불 신양천 거슬러 올라가면
숨고르기 하는 숨결에
수증기 같은 골안개 오른다
어찌할거나 안개 속에 윤레나 있어
내 영혼의 불, 시뻘겋게 달아
탯줄 묻힌 동네 어귀 서낭당 금줄을 사른다
미처 고독할 겨를 없는
불티의 미친 강 사르어 불길 타고
처음 온 나라 하늘로, 하늘로 오른다

40 이정, 처형되다

붉은 칠포漆布로 둘러싼 대고가 운다
둥둥둥둥 철산반도를 들썩이며 칠월 무더위에
원옥폭포의 물줄기들이 울음 운다

사나이 임종을 아낙의 품 안에서 마치면
어찌 사나이라 할 수 있으리오
속으로 이정은 그런 생각을 했다

"내 오늘 죽을 것을 아니 복잡하게 하지 말라
간단히 처리하라." 방학세에게
담담히 말을 마치고 주위를 둘러보는
이정의 얼굴이 똑바로 중앙에 오자

내무성 보위부 군사 이몰창과 김관후
운전사 박길룡과 함께 방학세는 이례적으로
이정을 향하여 마지막 거수경례의 예를 표하고
통증은 없으실 겝니다 용서하십시요
조용히 말을 마치고 손 떨면서

머리 맞닿은 손이 떨자 권총의 방아쇠가
찰칵찰칵 두 번의 신음을 내뱉었다

신음 소리 따라 불이 쏟아져 나왔다 불이
폭풍우처럼 이정의 머리에 쏠려 들어왔다
누구의 눈에도 안 보이는 불이었다

그때, "김일성에게 약속을 지켜 달라
부인과 두 남매를 외국으로 보내겠다는
약속을 지켜 달라는 말을 전해 달라." 유언이 뜨고
잡풀더미에 쓰러진 이정의 육신은
병신년(1956) 칠월 탄성과 함께 그 자리에 묻혔다

희대의 연극이 연출되는 그 순간에
김일성은 밤 이슥토록 관저에 머물러 있었다
허가이가 자살했을 때처럼 웃질 않고
집무실을 서성대다 전화통을 붙잡고
잔뜩 긴장하여 종종걸음으로 비상벨을 눌러
인민군 총참모장에게 전군에 비상경계를 명했다

수화기를 내려놓는 순간에
어디선가 태산을 뒤엎을 듯 벼락이 떨어졌다
철산군 철산반도도 이 날 밤 내내
끝없는 폭우와 천둥번개로 시달렸다

나의 공화국은 비로소 탄탄하다
침묵 끝에 김일성이 뱉은 말은 견고했다

41. 성장동력의 상실에 대하여

조선공산당을 만들었고 조선남로당을 만들며
북한 정권의 부수상이자 외무상으로
뚜렷한 정치 신념을 가졌던 혁명가 이정의
새로운 정부 새로운 희망 새로운 세상의 꿈도
능히 일국을 통치할 수 있는 지식의 실력도
통일된 해방공동체의 건설을 향한 소망도

김일성이 북조선을 탄탄하게 장악한 것과는 달리
실체 없는 무늬만의 임신 같은
포부와 신념만으로 변화와 개혁을 주도하고
대업을 성사시킬 수는 없었다

진실로 가장 강력한 동기를 부여하고
가장 강력한 성장동력이 되는
힘의 실체가 없었던 쓰라림이 철산군의 야산에서

남한의 박병삼과 북한의 나타샤, 세르게이
삼 남매의 앳된 얼굴과 함께
청순한 여인 윤레나의 울부짖음을 타고
칠월 무더위 폭풍우와 뇌성벽력 속으로 사라졌다

고향 신양의 그 끈질긴 신양천과 달천은

신양 여래미 마을의 깽매기골을 거둬
물소리 없이 예당호에 돌아들고

예산이 배출해낸 탁월한 독립투사요
남로당의 수령이자 북한 정권의 이인자로서
한 시대를 풍미했던 이정의 생애가
한 번도 가보지 않았던 철산반도에서 나와
예산의 산하를 이끌고 여전히 흐르고 있었다

이정을 위해서라면 물불을 가리지 않고
한 평생 혁명의 동지가 되 주었던 신양 어머니

신양 어머니의 달을 품는 꿈은 이처럼 기막히게
그야말로 기막히게 달로서
그야말로 달로서 지는 이정을 보고 있었다

빛과 그림자의 한 생애와 꿈도
성장동력이 상실될 때 죽음이 오는 것도
만월의 신양 죽천리의 개울말은 보고 있었다

42. 향천사 목탁소리

일제 치하에서 조국광복을 위해 투쟁했고
해방 후엔 새로운 조국건설을 꿈꾸던 사내였다
조선공산당을 정점으로 한
통일 민주정부수립을 갈망했고 그를 이뤄내고자
남북한 모두에 처절한 최후를 선보인 사내가

변장할 겨를 없이 총 맞은 몸 묻힌 뒤
조국통일의 염원도 산 숲에 피를 흘리자
만산에 뜬 달이 슬피 울며 서산에 기울고

금오산 자락 향천사 목탁소리가
주교리에서 향천리 말탄고갤 넘고
시리미고개 넘어 신양천에 흐를 때
아리 아리랑 쓰리 쓰리랑 아라리요
아리랑 고개로 잘 넘어 간다

영해 박 씨 태사공파 예산문중 신양 선영엔
오십칠 년의 울음을 마감한 혼이 내리고
오십칠 년 전 묻힌 탯줄의 끝자락 타고 도는
신양팔경이 돌리는 골무 아래 구슬픈
예산아리랑 한 자락이 반도를 적시며 흘러
향천사 천불전 앞 석탑을 두드리고 있었다.

해 설

한 공산주의 혁명가의 빛과 그림자

신익선의 장편 서사시 〈예산아리랑〉을 중심으로

정 광 수 | 시인 · 문학평론가 · 해동문학 주간

1

신익선申益善 시인詩人의 장편 서사시 〈예산아리랑〉을 읽으면서 비운의 혁명가 박헌영朴憲永의 생애를 다시 훑어볼 수 있었다. 일제 강점기의 혼란한 시대에 태어나 혁명적 삶을 살다 간 일생을 살펴보며 여러 모로 착잡한 마음이라고 솔직하게 고백한다.

예산이란 곳은 흔히 예향藝鄕이요 충절忠節의 고장이라고 불린 지 오래다. 예산은 백제시대에는 오산현, 신라시대엔 고산현, 고려 때부터는 '예산'이라 불리다가 1914년에 대흥군과 덕산군을 통합, 오늘에 이른다.

예산이 예향이요 충절의 고장이라 불리는 이유는 추사秋史 김정희, 수덕사, 이응로, 삽교의 석조보살입상, 남연군묘, 사면석불, 가야산, 그 외에도 덕산온천, 예산의 백송, 예당관광지, 이성만 형제 효제비, 대흥동헌, 조익 선생 묘소, 최익현,

이남국, 윤봉길, 임존성, 또한 선석, 신계영, 동암 박두세, 우계 성혼을 비롯하여 방인근, 이해문, 방영웅, 성찬경 등 우리 문학사에 길이 남을 명작들을 창작한 분들이 삶을 영위한 고장이기 때문이다.

이러한 위대한 사람들이 태어나고 업적을 이룩한 것은 그냥 되는 게 아니고 산세山勢와 깊은 관계가 있음은 우리 동양 사람, 특히 한국 사람들의 '순천즉존順天卽存하고 역천즉망逆天卽亡'이라는 문자에서 알 수 있다.

신익선申益善은 '예산아리랑' 전편의 머리말에 해당하는 〈서시序詩〉에서 그 예산을 거명하면서 다음과 같이 썼다.

> 달빛에 두둥실 뜬 신양 만산이/신양천 굽이굽이 산안개 게우는 곳/달천 물살에 아침이슬 내리는 곳/동방의 등촉 밝혀/두둥실 떠오른 일산이수정一山二水亭이/봉우리 걸린 구름상여 향 사뤄 날고/신양리 휜들 지나 할미고개 넘어/만장輓章이 먼저 길 떠난 초행길을/요령 안 흔들어도 물살 흘러/절로 길 찾는 상여 머리가/두리둥실 구름에 떠올라/두둥실 시리미고개 넘어간다/세상 불꽃 먼저 보는 산마루야/내려와 떠들썩한 산마을 되라/서울과 평양을 골고루 어루만져/눈동자 맑은 향천사 독경에/가슴앓이 부풀어 오른 한恨을 씻어라/아리 아리랑 쓰리 쓰리랑 아라리오/아리랑 고개로 잘 넘어간다/골골마다 퍼져라 예산아리랑

예산의 지형地形을 보면 북쪽은 당진, 서산으로 연결되고 가야산록에는 옥양봉의 관음전, 옥양폭포, 남연군묘, 보덕사, 봉림저수지, 화전리 사면석불, 덕숭산 쪽에는 정혜사, 수덕사, 이응로 선생 사적지, 윤봉길 의사 기념관, 삽교 석조보살 입상, 법륜사 등으로 덕산온천 관광벨트를 이룬다. 남쪽은 용봉산록으로 용봉사, 수덕초교, 한국 고건축박물관, 효자 관광농

원을 거쳐 홍성으로 빠지고 봉산면, 고덕면 쪽엔 고덕산업단지, 정동호 가옥, 삽교읍 쪽에는 두리산업단지, 민족음악원, 신암면 쪽엔 추사고택, 충남농업기술원, 예산산성 등 예산읍 중심가로 금오산록이다.

예산군청, 향교, 예산역, 충령사, 송석저수지, 장복리 삼층석탑, 포저 조익 선생 묘소, 이광민 선생 고택, 강민첨 장군묘, 대술면 쪽은 공주대 예산캠퍼스, 신양면 쪽엔 일산이수정 등으로 공주 쪽으로 갈 수 있고, 예당저수지가 있어 예당관광단지를 이룬다.

광시면에는 김한종 의사 기념관이 있다. 여긴 광시 한우고기마을이 특색이다. 예당호는 신암면의 구양도 다리를 통과 서해로 흘러 들어간다. 이러한 산세山勢, 지세地勢를 타고 예산은 앞서 말한 인물들이 탄생했고 그들이 살다 갔는데 여기가 예향이요 충절의 고향인 바 앞서 기록한 인사들이 하나같이 훌륭한 업적을 남겼지만 사실은 인생 자체는 불우한 생애를 살았다는 얘기이고 그렇지만 무슨 기념관이니 역사 유적이니 명명하여 훌륭하게 후손들이 개발, 보존해 가고 있다.

그 옆 동네 홍성만 하더라도 만해 한용운, 김좌진 장군 등이 있는데 유독 박헌영은 공산주의자라는 시대적 환경이 그를 언급한다거나 연구한다는 것은 '금기'의 일이 되어 버렸다.

여기에 한 시대 한 인물의 족적足跡을 살펴 형상화한다는 일은 고통이 앞선다고 신익선申益善은 머리말에 썼다.

박헌영朴憲永은 구한말에 태어나 일제 압정에 10여년 투옥되었고, 해방 후 조선공산당을 조직, 당수로 활동하다가 월북, 북한 정권의 부수상 겸 외무상으로 참여했으나 6·25사변 후 전쟁 실패 책임을 뒤집어 쓰고 총살당한다.

앞서 말한 바 공산주의자를 터부시하고 박헌영이란 단어

자체를 입에 올리는 일조차 '빨갱이' 취급을 받는 환경 때문에 지난 60여 년간 박헌영은 우리 뇌리에서 사라졌을 뿐 아니라 금기·터부시되었고 그의 고향인 예산에서조차 입을 다물고 있는 실정이다.

신익선申益善은 이를 들어 서문序文에서 이것은 역사를 역사로 바로 보지 못하는 동시에 역사의 자양분을 추출해내지 못하는 처사임을 씁쓸하게 생각한다고 썼다. 그리하여 소위 좌우 이데올로기는 역사의 한 단면으로 봐야 한다는 생각에서 〈예산아리랑〉을 집필했다고 썼다.

그러면서 저자는 '예산에서 태어나 예산에서 살고 있는 한 사람으로의 시인詩人으로서 '시詩'라는 그릇에 박헌영을 그려봤다'면서 시인과 혁명가, 혁명가와 시인이 공유하고 있는 한 고향 땅, 예산이라는 지역적 특성을 카테고리로 하는 동향의 동질감을 내세운다.

그렇다. 예산에서 나고 자란 비운의 혁명가에게 한 잔 술을 올린다는 마음으로 역사를 떠올리면서 필자도 기꺼이 해설을 쓰기로 한다.

왜 그러냐 하면 항상 역사는 성공한 사람들의 역사라고 말해 왔다. 그러나 실패한 사람들은 실패했으면서도 그들도 인간이었기에 그들의 삶에서 무엇을 희구했고 무엇을 위해 싸웠는지 짚고 넘어감으로써 우리는 타산지석으로 삼아야 할 터이다.

신익선 시인의 〈예산아리랑〉은 이념이나 사상에 대한 판단 여부가 아니라 인간 박헌영의 삶을 서정적인 시로, 다시 말해 인간 박헌영의 '인간적 고뇌'에 대해 서정성을 부여한, 즉 박헌영의 삶의 자취를 근저로 삼았지만 어디까지나 창작이라고 밝히고 있다. 필자도 사람이 산다는 것이 무엇이고 어떻게 살아야 할 것인가 그리고 역사를 이름 짓는 것은 무엇인가에 대한 철학적 물음을 한다는 의미에서 '해설'을 쓰는 것임을 재차 밝힌다.

2

예산의 풍토는 앞에서 말했으니 '아리랑'에 대하여 살펴보자.

'아리랑'이 수천 년간 우리 민족의 '한恨'의 다른 말로 이어져 왔고, 왜정 36년간 만주벌판에서 독립운동하던 선열들의 '애국가'였다. 88올림픽이나 월드컵 때는 이 '아리랑'이 건전한 의미에서 성공한 노래였다.

그 '아리랑'의 기원은 어떠한가.

신익선은 박헌영의 일대기를 시로 쓰면서 그의 생의 애환을 '아리랑'으로 시화詩化한 것일 터이다. 박헌영은 1900년 5월 28일, 광시면 서초정리 산동네에서 태어났다. 영해박씨 즉 신라 박제상의 56대손이라고 한다. 그 후 강보에 싸여 신양면으로 이사 간 듯하다. 신양에서 10여리 가면 지금의 예산읍이 있고 예산 최초의 대흥공립학교 졸업, 후에 경성고보를 졸업한다.

이 시편의 첫 도입부분인 〈탯줄 묻힌 텃밭〉을 살펴보자.

> 달덩이를 품에 안았는데 어디선가/벼락 치듯 소리가 들려와서 이르길/태몽을 아무에게도 발설 말라/그런 태몽을 꾼 어머니는 경자년(1900년) 오월 양수가 터지고/ 갓 태어난 사내아이의 우렁찬 울음소리에/때 이른 여름 매미 떼가/ 광시 서초정리 산마을 초가집을 에우는데//음력으로 오월 초하루/ 양력으로 오월 스무여드레 날인 이날/어머니 이학규 여사는 핏덩이를 안고/이 아이가 장차 반도를 적시리라/두근두근 가슴 뛰는 꿈 그대로/반드시

억압의 일제통치를 몰아내고/백성이 주인이 되는 새로운 세상을 열 것이라

- 〈탯줄 묻힌 텃밭〉 부분

박헌영의 아버지는 박현주이고 어머니는 이학규였다.

시의 내용을 분석해 보면 갑신정변(1884), 지석영 우두신설(1885), 노비세역 정지(1886), 최시형, 손병희 교조신원운동(1892), 전봉준의 무장봉기(1893), 갑오경장, 동학혁명(1894), 최시형 순교(1898), 독립협회, 만인공동회 개최(1898), 고종의 언론자유 칙령 발표(1898), 강일순 증산교 개창(1900), 장지연의 대한강역고(1903), 손병희의 동학, 천도교로 개칭(1905), 장지연의 시일야 방성대곡(사설, 1905), 윤호정·장지연·이준·윤치호 대한자강회 결성(1905), 최익현 순국(1906), 안창호 신민회 결성(1907), 헤이그밀사 사건, 최남선 〈소년〉지 창간, 주시경 국어문전음학(1908), 신채호 〈국사신론〉 〈국조보감〉 90권 완성(1908), 지석영 자전석요, 유길준 대한문전, 이승만 독립정신(1909), 안중근 〈동양평화론〉(1910) 등이 박헌영이 태어난 후 10년의 일이고, 서양에서는 훗설의 〈논리적 연구〉(1900), 힐티의 〈잠 못 이루는 밤을 위하여〉(1901), 레닌 〈무엇을 할 것인가〉(1902), 코헨 〈순수인식의 논리학〉, 크로포트킨 〈상호부조론〉(1902), 파블로브 〈조건반사설〉, 실러 〈휴머니즘〉, 무어 〈윤리학 원리〉, 베르그송 〈형이상학 입문〉(1903), 멜로퐁디 출생, 보브와르 출생, 소렐 〈폭력론〉, 프레하노프 〈마르크스주의의 근본문제〉, 푸엥카레 〈과학과 방법〉 (1908), 레닌 〈유물론과 경험비판론〉, 짐멜 〈철학의 근본문제〉(1909), 러셀 〈수학원리〉, 나돌프 〈엄밀과학의 논리적 기초〉, 프로이트 〈정신현상학〉(1910), 중국의 경우는 양계곤의 〈신민총보〉 발간(1901), 손문 중국혁명동맹회 결성(1905),

왕국유 인간동활同活(1910), 신해혁명 시작(1911), 인도의 간디 윤리종교, 타고르 〈생의 실현〉(1913) 등인데, 박헌영의 태어난 10년 동안 세계 사상을 살펴본다는 것은 그가 경성고보를 졸업할 때까지(20세) 어린 시절 10년의 세계 사상적 배경을 살펴본바 기미년(1919) 삼일운동이 일어났던 해에는 이미 경성고보를 졸업한다.

그 당시 박헌영의 상황을 신익선은 이렇게 읊었다.

> 무오년 경성고보 사학년 담임선생은/이정을 일러 성질이 온순하고 과묵하며 착실하다/용모 란에는 남자답다고 썼다
>
> - 〈경성고보 학급담임부의 기록〉 부분

박헌영은 착실한 학생이었는데 1918년부터 손병희, 권동진, 오세창, 최린 등 천도교 중진들과 기독교, 불교 측을 총망라한 33인의 민족대표들이 1919년 3월 1일 독립선언서를 발표하면서 조선독립에 대한 열정이 솟은 것 같아 보인다.

그는 동아일보 기자 생활을 하면서 청년운동을 펼친다. 25세의 청년 박헌영을 신익선은 시편 내의 소제목 〈식민지 청년운동〉에서 이렇게 묘사하고 있다.

> 식민지는 원래부터 있어온 땅이 아니요/식민지 청년은 따로 분리된 이름이 아닙니다/스스로의 자각과 분발로 조국의 상황을/직시하여 스스로를 태우는 횃불이어야 합니다/농촌에서 도시에서 우리 일어섭시다/식민지 청년은 원래의 자주 청년으로/스스로를 무장시키는 이름입니다/떨치고 일어나 민중의 쟁기가 되어야 합니다
>
> - 〈식민지 청년운동〉 부분

이 연설은 1924년 10월 13일 서울 종로청년회관에서 행하였다.

박헌영, 김단야, 김찬, 홍증식, 민태홍, 임규호, 임원근 등등 열혈 청년들은 자연스레 고려공산당청년회와 연계된다. 앞서 말했지만 후일 박헌영은 혁명가요 정치가요 공산주의 이론가로 성장했지만, 그 당시 1920년대는 소련에 있어서의 계급사상 계급투쟁을 목적으로 프로레타리아 문학이 역사적인 변혁에 따라 전 세계를 휩쓸고 있었으므로 그 종주국인 러시아 사회주의 건설을 위해 벌인 하나의 운동이었는데 NAPF를 비롯한 일본의 프로레타리아 문학은 이를 그대로 수용하였고 자연스럽게 한국은 일본을 교량으로 프로레타리아 문학을 받아들였기 때문에 우리의 그것은 주체적인 문학운동으로까지는 발전하지 못한 것이었다.

그러나 그 당시 일제 식민지에서의 정치·경제·문화가 말살위기에 처해 있었으므로 사회주의 이데올로기는 급속히 먹혀들었는데 그 까닭은 계급문학을 외부로부터 수용하였지만 그것을 배경으로 정치적 문제를 해결하려 했다는 점과 피지배 민족의 처지에서 패배의식이 팽배한 가운데 이를 극복하고자 하는 염원과 노력이 정치와 문학이라는 관계가 맞물려 그 결과야 어떻든 간에 그 당시 1920년에는 막강한 사상체계였던 것은 사실이다.

우리나라의 공산주의는 국외에서부터 시작, 1920년 상해에서 고려공산당이 조직되었다.

사회주의 운동과 공산주의 운동이 적극적으로 한민족에게 수용되어 확산된 원인은 앞서 말한바 정치·경제·사회적 문제가 특징을 이루었기 때문인데 1919년 3·1운동의 실패로 실의에 빠졌고 일제로서는 식민지 통치를 더욱 강화하여 경제적으로 값싼 노동력으로 초과이윤을 착취함으로써 노동자 농민의 생활이 날로 핍박해 갔기 때문이었다. 이럴 즈음 서대문형무소에서 병보석으로 출감한 박헌영은 블라디보스톡으로 탈출한다.

그 당시 〈상록수〉로 장안의 지가紙價를 올렸던 심훈이 한편의 시를 발표한다. 그는 경성고보의 동창생이었다.

> … 박 군아, 박 군아/사랑하는 네 아내가 너의 잔해를 안았다/아직도 목숨이 붙어 있는 동지들이 네 손을 잡는다/이빨을 악물고 하늘을 저주하듯/모로 흘긴 저 눈동자/오! 나는 너의 표정을 읽을 수 있다//오냐 박 군아/눈은 눈을 빼어서 갚고/이는 이를 뽑아서 갚아주마!/너와 같이 모든 이를 잊을 때까지/우리들의 심장의 고동이 끊길 때까지//

위 시편은 일경에 상처입고 감옥을 나서는 조선의 열혈청년 박헌영을 보고 심훈이 〈박 군의 얼굴〉이란 시를 쓴 것이다. 한편, 박헌영이 두만강을 건너 탈출할 때의 모습을 신익선의 〈두만강〉을 통하여 살펴보자.

> 상류를 따라 올라가 물속에 들어가면/까닭 없이 벌렁벌렁 뛰는 심장이/은하처럼 반짝이며 물속의 산하에 부딪친다/지층의 시퍼런 눈을 펴 올리는/수천수만 개의 물 알갱이들이/소련과 중국의 국경을 따라 흘러온 물줄기에/목숨을 부지한 계절과 합류하여/강안江岸 깊숙이 선혈을 뿌리고/〈중략〉
>
> - 〈두만강〉 부분

그 때의 모습은 이효석의 소설 〈노령근해〉와 유사한 것이지만 우리가 흔히 애창했던 김정구의 노래 〈눈물 젖은 두만강〉은 그 당시 박헌영을 모델로 했다는 설이 생존해 있는 그의 아들(원경 스님)의 증언이나 김정구 가수의 증언이 뒷받침하고 있다.

박헌영은 블라디보스톡에서 몸을 추스르고 나서 코민테른

동양부 조선담당 조사관이었던 김단야의 추천으로 1929년(30세) 모스코바의 국제레닌학교에 입학, 1932년(32세) 졸업한다.

그리하여 박헌영은 엥겔스의 〈가족 사유재산 및 국가의 기원〉 〈공산당선언〉 마르크스의 〈자본론〉 카우스키의 〈마르크스 경제이론〉 배른슈타인의 〈사적 유물론〉 레닌의 〈제국주의론〉 〈국가와 혁명〉 〈프롤레타리아 혁명과 배반자 카우츠키〉 〈레닌선집〉 등을 4년간 공부하고 골수 공산당원이 되었던 것 같다. 그러니 결과적으로는 코민테른에 의해 조선공산당 재건에 앞장섰고 기관지 〈콤뮤니스트〉를 발행, 선전 선동에 나선 것. 그 당시 공산주의 정통이론을 배웠고 조선에서는 아직 생소한 내용이었으나 소위, 민중이 주인이 되는 새로운 세상을 실현하려는 그들의 주장이 먹혀들어갔고 일본 유학생이나 유럽 전체가 사회주의에 들떠있던 상황이니 조선사회는 일본의 압제에 있었으므로 새로운 사상은 요원의 불길처럼 번져나간 것일 터이다. 그 당시 공부깨나 했다는 사람치고 프롤레타리아 문학을 모르면 지식인이 아니요 행세를 하지 못할 때인데 독립운동한다는 사람들이 이론적으로 무장하는 데는 막스, 레닌, 엥겔스를 모르고는 활동이 되질 않았을 것은 뻔한 이치인 것이었다.

그 무렵 예산의 열혈청년 윤봉길은 25세였다(박헌영은 33세). 1932년 4월 29일 상해 홍구공원의 폭탄 투척 사건이 벌여졌다. 신익선은 이를 다음과 같이 묘사하고 있다.

> 서른세 살의 이정이 상해에서/공산당 조직에 심혈을 기울이고 있던 그 때/조선에선 스물다섯 살의/대한의 열혈남아 매헌 윤봉길이 있었다/태양은 떴어도 햇빛이 없었던/칠흑의 밤보다 캄캄한 한낮에/대한의기의 표상 윤봉길이 있었다/스물다섯 살 청년을 껴안고 통곡하며/백범은 차고 있던 시계를 풀어 건넸다/대한

독립도 함께 건넜다/꽃보다 아름다운 아내가 고향에 있었다/어린 자식들과 연로한 어머님도 계셨으나/매헌에겐 그러나 환희가 있었다/덕산 원효봉의 정기 같은/꿈틀대며 용솟음치는 태동이 있었다/'장부丈夫 한 번 집을 나가면/어찌 살아서 돌아오리요'/강철보다 굳은 맹서 눈뜨던/임신년(1932) 사월 스무아흐렛날/상해 홍구공원은 요동쳤다/스물다섯의 대한남아 윤봉길은 이날/영원히 사는 생명을 얻었다

- 〈그 당시 윤봉길의 의거〉 전문

같은 예산의 독립운동가였지만 25세의 매헌 윤봉길은 상해 홍구공원에서 일본의 천장절 행사를 쑥대밭으로 만들어 대한 청년의 기개를 전 세계에 알렸을 때 박헌영은 공산당 조직에 열을 올리다가 다시 세 번째 투옥이 된다. 결국 7년형을 선고받고 경성감옥에 투옥되었다가 이송되어 대전형무소로 옮긴다. 여기서 신익선의 〈중형을 선고받다〉란 시를 통하여 박헌영의 가정 얘길 들어보자.

계유년 칠월 초닷샛날 붙잡혀 온 이정은/동짓달 스무하룻날 경성지방법원에서/무라타 검사로부터 칠년 형을 구형받는다/당시 김병로 변호사의 변론도 무위로 끝나/뱁새눈깔에다 황새걸음걸이의 오만한/야마시타 재판장은 선심 쓰듯 육년 형을 선고했다//죽음을 능가하는 고문이 기다리고 있는/투옥의 험난한 와중이었던/계유년(1933, 34세) 칠월 초닷샛날은/결국 이정과 그의 아내 주세죽 간의 마지막 날이었다//속국의 백성은 운명조차 처절한가/이정과 함께 쉬던 신양 차동리 쉴천골을 그리며/상해에 떨어진 주세죽은 이정이 죽은 줄 믿었다/숨어서 체포되는 과정을 지켜본 주세죽도/그것이 생이별이 될 줄은 정녕 몰랐다//백성의 행복은 하수구에 처박히고/오천년의 핏물을 잉태한 한강에 먹구름 내려와/이 날 이후 두 사람의 재회를 막았다

- 〈중형을 선고받다〉 전문

독립운동, 공산당운동, 체포, 징역살이…. 첫 부인 주세죽은 같은 공산당원으로 동방 노력자 공산대학 출신이다.

블라디보스톡에서 박헌영을 레닌대학에 추천했던 김단야와는 다시 중국에서 공산당 재건에 힘을 보탰던 동지인데 박헌영이 죽었다고 판단, 재혼을 하기에 이르므로 부부간의 비극이 또 하나 보태졌고 그 이후 한 번도 만나질 못한다.

박헌영은 만기가 되어 1939년 대전형무소를 나오는데 벌써 40살이 된다. 그 당시는 사회가 온통 혼란에 빠져 1931년에는 만주사변이 나고 일본 자체에서도 사상탄압이 강화되면서 카프검거사건이 벌어져 박영희, 김기진, 임화, 안막, 이기정, 김남전 등 70여 명이 종로경찰서에 검거된다.

따라서 1935년 임화, 김남전 등에 의해 〈카프〉 해산서가 제출되고 결국 해산이 된다. 출옥 후에는 지하에 숨어들어 1945년 일본이 항복할 때까지 광주 벽돌공장에서 지내면서 정순년(두 번째 부인)과 인연을 맺고 1941년에 현재 스님으로 수도중인 박병삼을 얻는다. 그 스님이 1941년생이니 현재 68세일 터이다.

신익선의 시 〈쌍가락지〉를 살펴보자.

> "자네가 이 세상에서 큰 힘이 되었소"/이 말이 마지막 말이 될 줄은 아무도 몰랐다/문밖에 쌓인 흰 눈처럼 간직해 온 순정을/몸 떨며 바친 첫 남자 이정이/스무 살 앳된 처녀의 손가락에/민들레 문양이 새겨진 쌍가락지를 끼워주며/주고받은 말이 서로간 마지막 말일 줄은/이정도, 정순년도, 뱃속의 아이도 몰랐다//흔히 세간에 서대문사건이라 알려진 경성콤그룹/1차 검거 사건은 경진년(1940년) 동짓달부터 시작되었다//얼마 전 육 년 넘게 형무소 생활을 한 육감으로/비밀 아지트도 노출되기 십상이라/서둘러 새로 부부의 연을 맺어 임신한 아내를/청주 비밀 아지트로 내려 보낼 때/이정은 미리 쌍가락지를 준비했다//왜 쌍가락

지냐 하면/하난 자네고 하나는 나요 어쩌면 또/하나는 소련에 두고 온 딸이고 하난 태어날 아기요/해방이 되는 날 자네는 고마운 인사를 받을 거요/안전한 청주로 가서 조용히 있으면 고향에서/어머님이 가셔서 산후를 돌보아 주실 것이요/명심하오 왜 쌍가락지냐면/우리 둘이 하나라 쌍가락지라 이거요//이정의 둘째 부인 정순년은 임무년(1922년)에/충북 영동군 학산면 도덕리에서 출생했다/경성콤 회원이자 해방일보 주필을 지낸 정태식은/집안 당숙인데 당숙의 권유로 서울로 왔다//애초 신학문을 가르칠 목적 대신 당숙은/지하공작을 하는 이정의 잠행을 돕게 시켰다/청주와 서울에서 이정과 함께 기거하다/하늘의 인연을 어찌하랴 어느 겨울밤/정순년은 이정과 부부의 연을 맺었던 것인데//쌍가락지, 가슴에 품어보고/쌍가락지, 눈물에 씻어보며/쌍가락지, 영혼에 감아보다/쌍가락지, 죽음까지 동행할/정순년 왼손 약지의 쌍가락지는//청주에 오신 신양 시어머니의 시중 속에/예당호 너른 호수의 물살이 흘러흘러/신사년(1941년) 삼월, 훗날 이정에게 눈물로 절하며/제사상을 올리게 될 아들 박병삼을 안는다

- 〈쌍가락지〉 전문

위 시는 박헌영의 둘째 부인과의 인연과 그에 따른 그의 첫아들 박병삼이 어떻게 해서 태어나게 되었는지를 자세히 말해주고 있다. 따라서 그 당시 체포를 모면하기 위해 행상인, 노동자, 약사, 점쟁이 등등 변장·변복하고 아니 해 본 일이 없이 피해 다녔는 바 그 무서운 일경의 고등계 형사도 추적에 지쳐 아예 박헌영은 국외로 탈출했다고 발표까지 하고 말았다.

그 당시 일경에게 혹독한 고문을 당한 박헌영의 아버지는 눈을 감는다. 드디어 1945년(46세) 5월 독일 패망 소식을 전해 듣고는 광주 벽돌공장을 뛰쳐나와 서울로 올라온다. 이 당시의 상황에 대하여 신익선은 다음의 몇몇 시편들을 남기고 있다.

종로 네거리의 담벽과 전신주가 몸살을 앓았다/지하에 숨어 있는 박헌영 동무여! 어서 나타나서/있는 곳을 알려라! 우리 나갈 길을 지도하라!//곳곳에 이정의 출현을 갈망하는 삐라가 나붙고/이정을 숭배하는 국민들의 열망이 경성을 뒤덮었다//삼십육 년이다 그 긴긴 세월을 시달리다/압제의 사슬에서 풀려난 시민들이/인산인해를 이뤄 만세를 외쳤으나/압제의 가시는 쉬이 걷힐 수 없는 것인가//팔월 얄타협정에 의해 대일선전포고를 한 소련이/피 한 방울 흘리지 않고 일주일 만에/빨찌산 청년 김일성을 앞세워 북한에 진주하여/일제의 정부 조직과 군경의 무장해제 즉시/인민위원회를 조직하여 정권 형태를 갖춘다//한편, 하지 중장을 사령관으로 하는/미군 14군단이 구월 초 인천에 상륙하여/남한에 미군정을 실시하여 조선 광복이 곧/오천년 역사를 질곡에 처넣게 될/미, 소군의 한반도 진주라는 뜻밖의 상황에 처한다

- 〈8.15 광복의 감격과 분열〉 부분

일제의 길고 긴 철권통치에 맞선/상해임시정부가 국제적 승인을 얻지 못한 것이/광복 후 국내 정치적 혼란의 원인이었다//이미 갑신년(1944년) 팔월에 국제 감각이 빠른/여운형 주도로 결성된 조선건국동맹이/광복 후에는 조선인민공화국을 조직하였다.//미군이 진주해도 조공에 행정을 넘겨주리라/기대하였으나 조선인민공화국 중앙위원회 구성원 중/총 54명이(72%) 박헌영 계의 공산진영이 차지하자/시월 십일 미군정은 이를 부정해버렸다//

…중략…

민족독립운동 세력들이 미국과 소련이라는/두 개의 구심력으로 인하여/더욱 선명하게 이데올로기가 깃발을 휘날렸다//

…중략…

조선공산당을 이정이 잡았고/여운형은 조선인민당을, 김성수는 한국민주당을,/이승만은 독립촉성회, 김구는 한국독립당을

- 〈민족 통합 실패의 부메랑〉 부분

그리하여 8월 8일에는 조선공산당은 총비서에 박헌영, 김일성, 이주하, 박창민, 이승엽, 강진 등 28명이 중앙위원에 선

임되고, 10월에는 소련군 38경비사령부에서 김일성과 회담하고 조선공산당북조선분국에 합의, 김일성은 북조선분국 위원장이 된다.

그 결과 후일 결국 약 300명에 불과했던 김일성 지휘의 부대는 소련군의 절대적 지지 아래 공산주의 집단을 확충시켜 박헌영이 쥐고 있던 공산주의 주도권을 탈취하는 새로운 국면에 접어들게 된다.

한편 이승만은 임시정부를 저지하면서, 만일 박헌영이 임시정부 아닌 다른 정부를 조직하면 이는 단지 투쟁만을 불러일으킬 뿐 아무런 성과도 거둘 수 없을 것임을 경고한다. 그럼에도 불구하고 17일엔 중국 특파원 증은화와 회견하고 20일엔 뉴욕타임스의 존스톤 기자와 회견했고 임정 요인 김구, 김규식, 이시영, 유동렬 등이 환국한 23일 소공동 근택빌딩에서 조선공산당 현판식을 한 다음 출근하면서 민족통일전선과 민주주의적, 조국을 위한 선전선동을 일삼던 중 모스코바 3상회의 결과인 신탁통치에 관한 성명이 발표되는 것이다.

처음에는 박헌영도 신탁통치에 반대하였는데 그 까닭은 모스코바 3상회의 결정은 조선의 정세와 민족문제 등을 바로 보지 못한 것이라는 생각이었고 따라서 평양에 가서 김일성을 만나 조선의 반탁 입장을 설명하고 연안파 공산주의자들과도 만나고 조만식과도 만나고 소련군 민정사령관 로마넨코와도 만난다. 그러나 결국 그들의 설득으로 찬탁으로 돌아서자 이때부터 남한에서의 박헌영의 위치는 나락으로 떨어지기 시작한다.

1946년 1월 2일이었다. 찬탁으로 돌변한 이후 서울중앙당은 유명무실해지고 강력했던 성장동력을 상실하여 북조선분국이 사실상의 공산당 주도권을 잡기에 이른다. 이때의 묘사를 신익선은 다음과 같이 말한다.

> 조선공산당 당수 이정이 찬탁으로 돌아서자/한민당을 비롯하여 40여 단체들이 회동하여/박헌영 규탄, 공산당 배격을 결의했다// 이승만이 주도하는 대한독촉 군산시지부 등은/이정과 여운형의 투옥을 제안했고 더러는/생명을 위협하는 협박편지를 발송했다// 그런 와중에 시인 임화는 정해년 이월호 〈신천지〉에서/'인물소묘, 박헌영'을 썼는데 이 글에 이르길/"이정이 조선 민족 속에서 점하는 비중은/소련에서 스탈린이 점하는 것과 동일하다"고 썼다//한편, 해방일보는 이정의 충실한 메신저였다/정해년(1946년) 이월 십오일 자 해방일보엔/이날 종로 YMCA 강당에서 열린 민주주의민족전선결성대회의/이정의 연설문, "민주주의적 실천만이 완전한 독립의 최첩경"이 실렸다
>
> -〈민주주의 민족전선 결성대회〉 부분

박헌영은 이 대회에서 여운형, 허헌, 김원봉, 백남운과 더불어 의장단에 선임된다. 그러나 3차례 20여 년간의 감옥생활, 뛰어난 마르크스 레닌주의 이론가, 독립운동가였으나 미소공동위원회 결렬과 소련영사관 철수에 의해 박헌영을 지지하는 세력들은 힘을 잃고 만다.

신익선의 시 〈이승만, 정읍에서 남한 단독정부 수립을 천명하다〉를 보자.

> 현실적으로 38선 이북에서의/급속한 소비에트화 진행으로 인하여/김일성의 지위가 탄탄해지고/사실상 권력기반이 공고해진 상황에서의/남북한을 아우르는 명실상부한/임시민주정부 수립이란 요원한 일 아닌가//당시 지방 유세 중에 있던 이승만은/병무년(1946) 사월에 전북 정읍에서 단독정부 수립을 말하고/……
>
> - 〈이승만, 정읍에서 남한 단독정부 수립을 천명하다〉 부분

그리하여 72개 단체는 통합 이승만을 총재로 김구는 부총재로 하고 미국을 방문(1947년)하고 나서 9월에는 공산주의자들과의 합작을 포기하고 남한만의 과도정부 구상에 들어간다.

한편 북한의 김일성은 1946년 2월 북조선임시인민위원회를 결성, 소련의 탄탄한 무력적 보장 아래 5월에는 일사천리로 토지개혁을 실시한다. 박헌영은 계속 성명서를 발표하지만 여타 기반이 송두리째 무너져 공산주의 사상과 신념은 미소공동위원회가 봉합되지 않은 것처럼 아무런 힘을 쓸 수가 없었다. 김일성은 모든 주요산업을 국유화하고 드디어 남한에 내려보내던 전기마저 끊어버린다.

결국 1946년 9월 6일 경기도 경찰부는 박헌영을 체포하여 철통같이 에워쌌으나 이주하는 체포하고도 박헌영과 이강국은 찾을 길이 없었는데 결국 변장하고 월북하는데 성공한다.

월북한 박헌영은 공산주의 사상의 이론적 무장화를 꾀하고 남한의 미군정 및 우익에 대한 대중투쟁사업을 꾀했으나 이북은 이북대로 여러 개의 패거리가 있었는바,

① 북한이 고향인 국내 공산주의자들(조선공산당 북조선분국) : 오기섭, 정달헌, 최용달, 이순근 등

② 연안파(중국공산당과 연계) : 김두봉, 김원봉, 무정, 박일우, 최창익

③ 소련파(김일성을 추종) : 허가이, 방학서, 박창옥, 한일무, 김열, 남일 등

④ 김일성의 빨지산파 등이다.

박헌영은 어쨌든 조국의 민주정부 수립이란 대원칙 아래 마르크스 레닌의 이론적 무장과 조직 운동에 있어 김일성은 도저히 이정의 적수가 못되었다. 그런 까닭에 소련의 스탈린은 박헌영에게 최고급 승용차를 선물했고 스타코프 대장은

한화 1,550만원과 엔화 39만원에다 122만 루불을 건네 정치자금으로 조달했는데 그 결과를 신익선의 시편을 통해 보기로 하자.

> 하지 중장이 보낸 법펠로 소좌의 축하를 받은/북한에 있는 이정이 사실상 남로당/최고지도자로 활동하였으나 당시/남한 국민들은 이정의 월북 사실을 모르고 있었다
>
> - 〈남조선노동당 부위원장에 선임되다〉 부분

그 당시 그의 주요 글들은 ① 좌우합작 7원칙 비판(독립신문) ② 10월 인민항쟁 ③ 3·1운동의 의의와 그 효훈 ④ 동학공연장과 그 교훈 ⑤ 〈노력인민〉 창간호에 〈창간에 즈음하여 자기 사명에 충실할 터〉 그 외의 많은 성명서 등이 있다.

시인 오장환은 〈시적 영감의 원천인 박헌영 선생〉 시인 임화의 〈박헌영 선생이시어 노력인민이 나옵니다〉 시인 이수형의 〈박헌영 선생이 오시어〉 시인 한진식의 〈박헌영 선생이시어 피는 이러히 흐르고 있습니다〉 시인 김장현의 〈박헌영 선생을 모셔 와야 한다〉 등의 찬양시들이 남아 있다.

한편 여운형은 1924년 중국국민당에 가입하여 한중 상호협조를 위한 남방혁명군을 위하여 활동하다가 일본에서 3년간 부역했고 - 그래서 한국 근대사의 큰 인물이었는데 - 조선건국동맹의 지하조직을 했고, 해방 후엔 조선건국 준비위원회를 조직하여 위원장, 조선인민공화국 부주석, 인민당 당수 등을 지내면서 골수 공산주의자 박헌영도 칭송을 했으나 중간노선을 택해 우익과 공산당의 배척을 받던 중 북한공산당, 남조선신민당, 남조선 노동당이 결성되자 이에 맞서 사회노동당을 만들었으나 좌·우익의 공격을 받았다.

그래서 박헌영 계와 이승만 계의 세력에 몰려 현실적으로

정치적 입장을 강화시켜주기 어려웠는데 결국 1947년 7월 19일 혜화동 로터리에서 19살 소년의 권총사격을 받고 절명하는 비운을 맞게 된다.

그 무렵 김일성은 강력한 무력기반을 조성, 북한군내 최고 실력자의 위치를 점하고 인민군의 보위로 국가체계가 고착되어 갈 때, 박헌영은 민주통일 자주정부 수립을 위하여 노력하였으나 미소공동위가 무산되고 정해년 8월 17일 제2차 유엔 총회에서 유엔한국위원단 감시 아래 남북한 동시 총선거를 제의하고 정부수립 결정을 내렸으나 소련 측이 유엔 한국위원단의 북한 입경을 거부하여 남한만의 선거가 불가피해졌다. 이러한 때인 1948년 5월 10일 대한민국 정부수립, 1948년 9월 9일 소위 조선민주주의 인민공화국 수립이 된다.

박헌영은 소위 조선민주주의 인민공화국 부수상 겸 외무상이 된다.

본문 〈이정에 대한 북한 주재 소련 민정청장 레베데프 소장의 평가〉에서 박헌영에 대한 소련 민정청장 레베테프 소장의 평가는 다음과 같다.

> "박헌영은 이론적으로 준비가 잘 된 활동가이며/조선에서 가장 우수한 막스주의자들 가운데 한 사람이다/그는 막스, 레닌주의 이론에 대한/자신의 지식을 향상시키기 위해 체계적으로 노력하고 있다/조선의 국내 정치상황에 대해 올바른 견해를 갖고 있으며/국제 정세에 관해서도 정통하다 온화한 성품과/검소한 생활태도를 지니고 있다 공산주의 운동에/자발적이며 진지하고 충실하다 박헌영은/북조선과 특히 남조선의 광범한 대중들과 좌익정당들,/심지어는 중간파 정당들 속에서도/상당한 권위를 누리고 있다. 남조선 민주주의 민족정신의/사실상의 지도자며 이론적 지도자이다/박헌영은 조선의 탁월한 정치 활동가이다 그는/소련에 매우 우호적인 태도를 견지하고 있다."

고 회고하고 있는 것으로 보아 그 영향력은 대단하였으나 북한을 사회주의 국가로 건설해주는 것이 아니라 소련의 위성국가로 만들 공작을 하고 있던 소련은 김일성을 앞세워 그들의 야심을 심어나갔다.

처음 소위 조선민주주의인민공화국은 김일성을 정점으로 빨지산 출신의 김책, 김융건, 조선공산당 출신 박헌영, 이승엽, 박문규, 연안파의 김원봉, 최창익, 박일익, 허정수, 소련파의 허가이, 민족지도자 홍명희, 이극로, 백남운, 이용(이준 열사 아들) 등을 포진시킨다. 김일성은 그때 38세였고 박헌영은 50세였다.

그리고 시 〈한국전쟁 일어나다〉에서 보듯 1950년 6월 25일 6.25 전쟁이 발발한다. 시 〈이정, 동란의 중심에 서다〉와 같이 박헌영은 6.25 동란의 중심에 서고, 따라서 시 〈인민군 총정치국장 및 인민군 중장되다〉에서와 같이 인민군 총정치국장 및 인민군 중장이 되어 남침을 하였으나 시 〈동란의 종결〉처럼 그해 9월 15일 월미도에 기습한 한미 해병대는 9월 16일 인천 상륙에 성공, 9월 26일 서울 탈환, 10월 10일 원산점령, 10월 20일 평양 점령, 압록강 물을 수통에 담아와 이승만 대통령에게 바친다.

맥아더는 만주까지 진격하라고 명령했으나 1951년 맥아더는 트루먼 대통령의 해임 통고를 받는다.

신익선이 소제목을 붙인 시 〈동란의 후유증〉을 자세히 읽어보면 6.25 동란의 후유증이 어떠했는가를 잘 알게 한다.

1953년(54세) 3월 17일 박헌영은 체포되고 1955년 12월 15일 사형을 구형받는다. 그리하여 1956년 7월 방학세에 의해 총살당함으로써 파란만장한 생애를 마감한다.

3

신익선 시인은 〈예산아리랑〉이란 서사시로 박헌영의 일대기를 썼다. 신익선은 그의 사상에 대한 옳고 그름을 말한 게 아니라 예산 땅에 태어난 여러 독립운동가, 혁명가 중 유독 〈공산주의〉 이념에 따른 박헌영이 무엇을 추구했고 어떻게 살다 결국 비참하게 생을 마감했는지 박헌영의 인간 내면을 고향에 맞춘 것 같다.

이 비운의 혁명가 박헌영 역시 그도 인간이었기에 어찌 애환이 없었으랴. 신익선 시인은 같은 예산 사람으로서 그가 비록 공산주의자였지만 그 인간 내면을 들여다보고 한 공산주의 혁명가의 삶과 고뇌가 어떻게 역사를 이루는가에 주목하였음직하다.

결국 신익선은 이 시편의 말미에서 그의 시 〈성장동력의 상실에 대하여〉를 짚어 보며 주인공인 박헌영의 일대기를 정리한다. 그의 시편을 보자.

> 조선공산당을 만들었고 조선남로당을 만들며/북한 정권의 부수상이자 외무상으로/뚜렷한 정치 신념을 가졌던 혁명가 이정의/새로운 정부 새로운 희망 새로운 세상의 꿈도/능히 일국을 통치할 수 있는 지식의 실력도/통일된 해방공동체의 건설을 향한 소망도//김일성이 북조선을 탄탄하게 장악한 것과는 달리/실체 없는 무늬만의 임신 같은/포부와 신념만으로 변화와 개혁을 주도하고/대업을 성사시킬 수는 없었다//진실로 가장 강력한 동기를 부여하고/가장 강력한 성장동력이 되는/힘의 실체가 없었던 쓰라림이 철산군의 야산에서//남한의 박병삼과 북한의 나타샤, 세르게이/삼 남매의 앳된 얼굴과 함께/청순한 여인 윤레나의 울부짖음을 타고/칠월 무더위 폭풍우와 뇌성벽력 속으로 사라졌다//고향 신양의 그 끈질긴 신양천과 달천은/신양 여래미 마을의 깽매기골을 거둬/물소리 없이 예당호에 돌아들고//예산이 배출해

> 낸 탁월한 독립투사요/남로당의 수령이자 북한 정권의 이인자로서/한 시대를 풍미했던 이정의 생애가/한 번도 가보지 않았던 철산반도에서 나와/예산의 산하를 이끌고 여전히 흐르고 있었다//이정을 위해서라면 물불을 가리지 않고/한 평생 혁명의 동지가 되 주었던 신양 어머니//신양 어머니의 달을 품는 꿈은 이처럼 기막히게/그야말로 기막히게 달로서/그야말로 달로서 지는 이정을 보고 있었다//빛과 그림자의 한 생애와 꿈도/성장동력이 상실될 때 죽음이 오는 것도/만월의 신양 죽천리의 개울말은 보고 있었다
>
> - 〈성장동력의 상실에 대하여〉 전문

분명히 활화산 같은 타오름으로 일제에 맞서 싸웠고 해방 후엔 공산의 기치 아래 통일 민주정부 수립을 꿈꾸었던 박헌영의 삶은 암울하던 시대의 한 줄기 빛이었다. 그리고 공산주의자의 대명사로 불려 한국정부는 물론 그의 고향인 예산에서조차 현재까지 금기시하는 인물이 되었음은 박헌영의 그림자이다.

신익선의 장편 서사시 〈예산아리랑〉은 사회주의의 해체가 가속화되고 있는 작금의 시대상황에 견주어 이 비운의 혁명가를 시적 모티브로 제시하면서 한국 근대사회주의 운동과 사상을 시화한 것이다. 말할 것도 없이 이는 조심스러이 이데올로기의 공론화와 함께 역사적 관점에서 이데올로기의 쟁투에 의한 비극적 남북분단의 시대 상황과 이념을 극복하고 남북이 하나로 다시 합칠 수 있는 합일의 질서를 이들 시편에서 모색하고 있는 것이다.

이 논의가 활발하게 점화되어 퍼져 나갈지 예단키 어려우나 8.15 해방이 된 지 64년, 6.25난 지 59년에 이르는 이러한 때(2009년)에 신익선 시인의 서사시 〈예산아리랑〉의 가치는 역사적으로 대단한 값어치가 있는 것이다.